ENCONTRO COM LILITH

Mulher, Demônio e Deusa

Mark H. Williams

ENCONTRO COM LILITH

Mulher, Demônio e Deusa

Tradução:
Marcos Malvezzi

Publicado originalmente em inglês sob o título *Embracing Lilith*, por Circulos Tenebris Matrem Arcanas, www.circulos-matrem.com
© 2019, Circulos Tenebris Matrem Arcanas.
Direitos de edição e tradução para todos os países de língua portuguesa.
Tradução autorizada do inglês.
© 2024, Madras Editora Ltda.

Editor:
Wagner Veneziani Costa *(in memoriam)*

Ilustração da Capa:
Cauê Petito

Imagens Internas:
Encontrando Lilith – *Lady Lilith*, de Dante Gabriel Rossetti
Explorando Lilith – *Lilith*, de John Collier
Experienciando Lilith – *Lilith with Fire Snake*, de Misty Wood

Tradução:
Marcos Malvezzi

Revisão da Tradução:
Jefferson Rosado

Revisão:
Ana Paula Luccisano
Arlete Genari

Dados Internacionais de Catalogação na Publicação
(CIP)(Câmara Brasileira do Livro, SP, Brasil)

Williams, Mark H.
Encontro com Lilith: mulher, demônio e deusa/Mark H. Williams; tradução Marcos Malvezzi Leal. – São Paulo: Madras, 2024.
Título original: Embracing Lilith

ISBN 978-65-5620-017-0

    1. Lilith (Mitologia semítica) 2. Misticismo
    3. Religião I. Título.

21-63458   CDD-299

    Índices para catálogo sistemático:
    1. Lilith: Mitologia semítica: Religião   299
    Cibele Maria Dias – Bibliotecária – CRB-8/9427

É proibida a reprodução total ou parcial desta obra, de qualquer forma ou por qualquer meio eletrônico, mecânico, inclusive por meio de processos xerográficos, incluindo ainda o uso da internet, sem a permissão expressa da Madras Editora, na pessoa de seu editor (Lei nº 9.610, de 19/2/1998).

Todos os direitos desta edição, em língua portuguesa, reservados pela

MADRAS EDITORA LTDA.
Rua Paulo Gonçalves, 88 — Santana
CEP: 02403-020 — São Paulo/SP
Tel.: (11) 2281-5555 — (11) 98128-7754
www.madras.com.br

A todos os que amam nossa Mãe das Trevas.

ÍNDICE

Introdução 11
Primeira Parte: Encontrando Lilith 13
    Lilith 15
    Suméria e Mesopotâmia 15
    Lamashtu 17
    Tradição Judaica 18
    O que Há em um Nome? 22
    Mulher, Demônio ou Deusa? 23
    Cabala 25
    Árvore da Vida e Árvore das Sombras 26
    Lilith e a Árvore da Vida 29
    Lilith e a Árvore da Sombras 30
    Zohar e Lilith. 31
    Lilith, a Anciã, e Lilith, a Jovem 33
    Na'amah 33
    Agrat bat Mahlat 34
    Quimbanda, Lilith e a Pombagira 35
    Pombagira e Yesod 37
    Naga e Dakini 38
    Prostituta da Babilônia 38

Gnosticismo 40
Thelema 41
Allat, Al-Uzza e Manat 42
As Outras Mães das Trevas 43
Imagens de Lilith 44
Imagens e Mitos Modernos 50
Lilith e nossa Consciência 51
Que Tudo Faça Sentido 51

Segunda Parte: Explorando Lilith 53

Capítulo 1 55
Capítulo 2 65
Capítulo 3 69
Capítulo 4 72
Capítulo 5 75
Capítulo 6 78
Capítulo 7 80
Capítulo 8 84
Capítulo 9 86
Capítulo 10 90
Capítulo 11 95
Capítulo 12 99
Capítulo 13 106
Capítulo 14 110
Capítulo 15 115
Capítulo 16 118
Capítulo 17 120
Capítulo 18 124
Capítulo 19 129
Capítulo 20 131

Capítulo 21..136
Capítulo 22..139
Capítulo 23..141
Capítulo 24..144
Capítulo 25..147
Capítulo 26..151
Capítulo 27 – Conclusão...156

Terceira Parte: Experienciando Lilith 159

Por que Lilith?..161
Como se Aproximar de Lilith..161
Selo, Velas e Óleos de Lilith..162
Oferendas..162
A Aparência de Lilith..163
Prece e Invocação...163
Selo e Entoação..164
Invocação..165
Caminhada no Cemitério..165
Rito da Lua...166
Ferramentas Ritualísticas..167
Faca ou Athame (Ar, Leste, Severidade).......................167
Taça ou Cálice (Água, Oeste, Misericórdia).................168
Varinha (Fogo, Sul, Misericórdia).................................169
Pentáculo (Terra, Norte, Severidade)............................170
Bola de Cristal (Espírito, para Cima/para Baixo/Dentro, Compaixão..171
Estatuetas...172
Vela...173
Altar Ritual..174
Ritual..175

Exemplo de Ritual 175
Feitiços e Encantamentos 177
Proteção 177
Romper Vínculos 178
As Outras Mães das Trevas 178
Experiências Pessoais 179
Bispo Mark H. Williams 179
Brandon Kyle 180
Teala Petrova 183
Emirokel Khaos 185
Tino Manning 186
Alex Lamb 189

Bibliografia 191

Introdução

Ouvi falar de Lilith pela primeira vez quando tinha 10 anos de idade. Estava lendo a revista *Vampirella* com uma história sobre o Jardim do Éden. Nela, Adão e Eva tinham a companhia de uma terceira figura, uma misteriosa vampira chamada Lilith. Perguntei-me, então: e se o relato de Gênesis contivesse mais do que nos diziam? Fiquei fascinado e obcecado. Lilith entrou em meu consciente e nunca mais saiu.

Trabalho neste livro há vários anos, e ele passou por diversas encarnações, em termos do conteúdo desejado. Minha primeira ideia era escrever um livro puramente de história e de metafísica, mas percebi que o conhecimento intelectual não era suficiente para ajudar outras pessoas a conhecer a Lilith que tanto amo. Cerca de dois anos atrás, comecei a acordar com palavras na cabeça que me contavam a história de Lilith em um mito. Serei completamente sincero: o mito, que se tornou o cerne do livro, não chega nem perto do que esperava, mas é o que devia ser transmitido. A criação desta obra me afetou de várias maneiras, mas, acima de tudo, me fez ver tanto Lilith quanto a mim mesmo sob uma perspectiva que me mudou para sempre.

O conteúdo do livro não reflete a visão que as pessoas têm de Lilith. Quis inicialmente transmitir uma mensagem universal, mas logo notei que meu verdadeiro objetivo é retratar *uma* visão, não *a* visão. Por favor, entenda que, se sua visão ou experiência de Lilith for diferente da minha, não tenho dúvidas de que sua experiência é real. Lilith é complexa demais para ser colocada em uma caixa ou vista como um único movimento. Ela é a coletânea dos movimentos.

Aprecie qualquer mensagem que lhe tenha passado e siga daí. Convido o leitor a ler o que escrevi e a conhecer um aspecto dela: minha experiência pessoal da Rainha das Trevas.

Queria comentar sobre o Mito. É uma palavra frequentemente mal interpretada na cultura ocidental. Mito não é um conto, nem um registro histórico. É um conto que pode conter história (ou não), mas aborda verdades espirituais mostradas em símbolos. O mito de Lilith apresentado neste livro é uma história que liga vários textos religiosos. Nenhuma parte dele deve ser vista como literal ou sequer verdadeira segundo uma tradição espiritual específica, mas como uma forma de examinar ideias espirituais que permitam explorar Lilith e a nós mesmos.

Gostaria de agradecer a Brandon, James, Lydia, Elizabeth, Tino, Michael e Adam pelo apoio e pela assistência. Depois de uma experiência ruim, pensei em abandonar meus interesses espirituais, mas, graças ao incentivo dessas pessoas, descobri que não devia abrir mão de meus esforços. Que nossa Mãe das Trevas os abençoe em seus caminhos!

Primeira Parte: Encontrando Lilith

Lilith

LILITH É UMA das figuras mais complexas em toda a espiritualidade por causa de suas muitas faces. É mencionada e incluída em diversas tradições espirituais, e já foi chamada de a primeira mulher de Adão, demônio e até de Deus/Mãe das Trevas. Suas origens são antigas, e ela aparece tanto no texto sumério *Epopeia de Gilgamesh*, quanto na Torá e no Talmude hebraicos.

O mais notável acerca de Lilith é que sua descrição, suas ações e até os próprios modos se metamorfoseiam com o passar dos séculos. Cada cultura tem uma visão um pouco diferente e ela evolui, adquire um papel cada vez maior em muitas delas. Tanto para os sumérios quanto para os judeus, Lilith surge como uma personagem menor mencionada de passagem, mas sua importância cresce com o tempo, tornando-a uma figura central na mitologia desses dois povos.

Em tempos mais modernos, Lilith só era conhecida por arqueólogos, ocultistas e pequenos segmentos da cultura judaica. Hoje, porém, foi despertada por meio da cultura popular, incluindo televisão, cinema, histórias em quadrinhos, paganismo moderno e até um festival de música que destaca o poder das mulheres (*Lilith Fair*). Volta a ser uma força a ser considerada, alguém que atiça nossa imaginação e força os limites de nossos medos subconscientes.

Na Primeira Parte deste livro, você conhecerá Lilith em seus primórdios na religião suméria e no Judaísmo, bem como seu lugar no misticismo, incluindo a Cabala. Na Segunda Parte, Lilith será explorada por meio de um mito que traz à tona alguns de seus momentos cruciais em diversas escrituras do mundo. Esse mito foi canalizado da própria Lilith para dar ao mundo uma visão de quem ela é a partir de sua perspectiva. Por fim, na Terceira Parte, o leitor pode experimentar Lilith por intermédio de meditação, ritual e experiências pessoais de alguns de seus devotos. No fim, o propósito deste livro é permitir ao leitor apegar-se a Lilith em toda a sua diversidade.

Suméria e Mesopotâmia

A maioria daqueles que já ouviram falar de Lilith logo pensa no mito e na lenda judaica, mas na verdade ela tem uma fonte mais antiga, remontando aos escritos da Suméria e da Mesopotâmia. A primeira referência a Lilith aparece na *Epopeia de Gilgamesh*, escrita por volta de 2700 a.C.

Eis um trecho de *Gilgamesh*:

> *Os anos passaram, a árvore amadureceu e cresceu. Mas Inanna era incapaz de cortá-la. Pois, em sua base, a cobra "que não se deixa encantar" construíra um ninho. Na copa, o pássaro Zu – criatura mitológica que às vezes criava encrencas – deixara os filhotes. E, no meio, Lilith, a donzela da desolação, construíra sua casa. E, assim, a pobre Inanna, donzela de bom coração e perene alegria, derramou lágrimas amargas. Ao amanhecer, seu irmão, o deus-sol Utu, despertou de seu sono e ela lhe contou, em prantos, tudo o que acontecera com sua árvore huluppu.*

O nome vem da palavra suméria Lilitu, que denotava uma classe de espíritos femininos do vento. A cultura suméria a chama de Lilith ou Lilit "do ar", ou apenas Lil (ar).

Como afirmamos anteriormente, ela é mencionada na *Epopeia de Gilgamesh*, na Tábua XII, como "Lilith, a donzela da desolação". Também aparece em uma história mágica em que representa os galhos de uma árvore. Consta até em uma lista de numerosas entidades demoníacas, mas os pesquisadores debatem se Lilith deveria ser classificada como demônio ou como uma deusa das trevas na religião dos sumérios. Concordam, porém, que ela tem relação com a feitiçaria em todos os relatos na Suméria.

O imaginário de Lilith na Suméria e na Mesopotâmia é confuso, porque suas imagens são quase idênticas às da deusa Ereshkigal, que é irmã de Inanna e Rainha do Submundo. Há uma referência a Lilith como espírito da natureza, uma criada de Inanna, na história intitulada "A Descendência de Inanna", o que também causa confusão acerca de como os sumérios a classificavam exatamente. Uma teoria que considero provável é que Lilith seria uma deusa das trevas, do vento e das tempestades na cultura suméria, o que lhe renderia todas as associações com demônio, Deusa do Submundo e Inanna (deusa do amor, sexo, desejo, fertilidade e guerra). Há um histórico longo de deusas que regem o sexo e a guerra, sendo personificações do começo e do fim.

Os Shedim da cultura hebraica são uma espécie de demônios que, segundo a crença, foram almas humanas criadas no fim do sexto dia e não receberam corpos por causa do iminente Sabá. Seriam muito parecidos com os Arcontes (criaturas miscigenadas em tradições gnósticas posteriores). Na Mesopotâmia, desenvolveu-se um culto aos Shedim que praticava sacrifício humano. Veneravam-se seres alados do vento, como Lilith e Pazuzu (o malévolo deus mesopotâmico ou demônio da pestilência).

Mitos e lendas de Lilith acabaram se estendendo até os hititas, egípcios, gregos e romanos. Por fim, suas histórias migraram para a Europa. Em todas as culturas, ela era associada com lendas sobre o caos, a sexualidade e a magia, e tem ligação também com as primeiras histórias que envolvem os vampiros.

Lamashtu

Lamashtu era o nome de um demônio acadiano ou uma deusa malévola que costuma ser associada com Lilith ou representar seu *alter ego*. O pai de Lamashtu é o deus do céu Anu (An, na Suméria). A aparência dessa deusa ou demônio varia de acordo com as fontes, mas geralmente era uma amálgama de várias características animais misturadas com humanas. Seu nome significa: "Aquela que vagueia". Sendo filha do deus do céu, também possui uma ligação com o vento. Essa deusa de sete nomes, descrita como sete bruxas, tem a ver com Lilith por causa de sua malevolência com as crianças e pelo fato de entrar nos sonhos, a fim de torturar suas vítimas escolhidas.

Uma característica notável de Lamashtu era sua habilidade para agir com independência, diferentemente da maioria dos seres irados da mitologia mesopotâmica, que só seguiam as instruções dos deuses. Lamashtu é uma forma mais severa de Lilith do que a maioria de seus aspectos, mas, como há uma relação entre as duas (que em alguns mitos são consideradas o mesmo ser), precisa ser mencionada.

Tradição Judaica

Algumas das referências mais antigas a Lilith no Judaísmo se encontram na Torá e no Talmude. Entretanto, são vagas e um tanto aleatórias, sem um contexto maior extraído do Midrash judaico. Os textos do Midrash são histórias bíblicas apócrifas e comentários escritos por rabinos sobre diversos assuntos, que ajudam a explorar e expandir a teologia da Bíblia. No Judaísmo, o Midrash é tão sagrado quanto qualquer outra escritura e considerado canônico para os teólogos judeus. Eis duas referências da Torá e do Talmude:

> *"Lá se encontram os demônios-cabras e lá Lilit (Lilith) encontrará repouso."*

> *"O homem é proibido de dormir sozinho em uma casa, pois Lilith pode se apossar dele."*

No Midrash, Lilith é descrita como a primeira mulher de Adão, antes de Eva. Isso advém do fato de que existem duas histórias da criação no livro do Gênesis.

As citações a seguir usam dois termos diferentes para Deus no original em hebraico. Embora a Bíblia moderna use o termo "Deus", em hebraico há, na verdade, muitos nomes para o Santíssimo. Elohim pode ser traduzido como "Deus com muitas personalidades masculinas e femininas", mas geralmente é considerado feminino, embora as traduções modernas da Bíblia usem o pronome "Ele". Elohim é o lado feminino de Deus e a parceira do masculino, Yahweh ou Javé. Yahweh (ou Tetragrammaton) se traduz por "Aquele que era, é e será", em geral considerado masculino.

Em Gênesis 1:27, lemos que Deus criou homem e mulher à Sua imagem.

> *E [Elohim] criou o homem à sua imagem; à imagem de Deus ele o criou; e os criou homem e mulher.*

Mas em Gênesis 2:7-2:22, é dito que Deus criou Adão e depois Eva, retirando-a de uma costela do homem.

> *Então [Yahweh] modelou o homem com a argila do solo, soprou-lhe nas narinas um sopro de vida, e o homem tornou-se um ser vivente.*

E em Gênesis 2:22:

> *Depois, da costela que tinha tirado do homem, [Yahweh] modelou uma mulher, e apresentou-a para o homem.*

No Midrash judaico, os rabinos especulam que a primeira criação foi de Adão e Lilith, mas, como os dois não se relacionavam bem, Yahweh criou uma segunda mulher, tirando-a da costela de Adão. Foi a criação de Eva.

Outro ponto interessante nessa perspectiva da história da criação é que Eva parece ser uma parte de Adão retirada dele e transmutada em outro ser. O Midrash ensina que Adão era ao mesmo tempo masculino e feminino, Eva constituindo-se na porção feminina que ganha vida. O Midrash também especula que, se isso aconteceu com Adão, também se passou com Lilith. Algumas histórias descrevem Samael, o Veneno de Deus, como o lado masculino de Lilith, separado dela e ganhando vida própria.

O nome de Lilith é mencionado inclusive em um dos Manuscritos do Mar Morto intitulado "Cântico de um Sábio", provavelmente usado para exorcismos. Diz o texto:

> *E eu, o Sábio, evoco a majestade da beleza Dele para atemorizar e confundir todos os espíritos de anjos destruidores, e espíritos ilegítimos, os demônios, Lilith, e todos aqueles que atacam de modo súbito, para desviar o espírito da compreensão e desolar seus corações.*

Lilith costuma ser considerada a primeira feminista, porque se recusou a ser controlada por Adão. A história no Midrash afirma que Adão queria dominar Lilith e forçá-la a ficar sempre por baixo no ato sexual. Lilith, sabendo-se igual a Adão, não aceita. Invoca o nome secreto de Deus e foge do Éden para a terra de Nod, um lugar descrito a leste do Éden, onde habitam todas as criaturas da noite.

Três anjos (chamados Senoy, Sansenoy e Semangelof – do alfabeto de Ben-Sirá, no Midrash) são enviados para trazer Lilith de volta ao Éden e se submeter a Adão. Como se recusa novamente, um dos anjos ameaça destruí-la. Sendo o que é, Lilith ri e diz ao anjo que ele não pode destruí-la porque ela é parte integrante da criação. Afirma que, caso seja destruída, todo o resto, fora Deus, deixaria de existir. Os anjos não esperavam aquela reação, mas, como ela estava certa, deixam-na sozinha para viver por contra própria e retornam a Deus de mãos vazias.

Vendo que Lilith não retorna ao Éden, Deus cria Eva, retirando parte de Adão, que é seu lado feminino. Lilith descobre que foi substituída e se enfurece a tal ponto que começa a emanar bebês demônios. Além disso, promete matar os filhos de Adão. Deus envia os três anjos de volta, e eles começam a matar a progênie de Lilith. No fim, Lilith e os anjos acertam uma espécie de trégua, na qual eles permitem que alguns de seus filhos vivam, desde que ela mate somente os filhos de Adão que não aceitarem Deus e estiverem desprotegidos. Ela concorda também em não ferir nenhum humano que tenha o nome de um dos três anjos em si ou em suas casas. Assim, eram comuns os talismãs com um dos nomes de Senoy, Sansenoy ou Semangelof em hebraico.

Uma versão dessa história é contada no Midrash, intitulada "O Alfabeto de Ben-Sirá":

> *Os anjos encarregados da medicina são Senoy, Sansenoy e Semangelof. Quando Deus criou Adão, que estava sozinho, disse: "Não é bom que o homem fique sozinho". Também criou a mulher a partir da argila da terra, assim como criara Adão, e a chamou de Lilith. Adão e Lilith começaram a brigar. Ela dizia: "Não ficarei por baixo", e ele dizia: "Não me deitarei embaixo de você, mas só por cima. Pois é feita para ficar na posição inferior, enquanto eu sou o superior". Lilith respondeu: "Somos iguais, pois ambos fomos criados da argila da terra". Mas um não dava ouvidos ao outro. Quando Lilith percebeu isso, pronunciou o Nome Inefável e voou pelo ar. Adão rezou diante do Cria-*

dor: "Soberano do Universo!", disse. "A mulher que me deste se foi." Imediatamente, o Santíssimo, bendito seja, enviou esses três anjos para trazê-la de volta.

E o Santíssimo disse a Adão: "Se ela concordar em voltar, tudo estará em paz. Caso se recuse, Lilith deverá permitir que cem de seus filhos morram a cada dia". Os anjos deixaram Deus e foram atrás de Lilith, e a encontraram no meio do oceano, nas águas poderosas onde os egípcios estavam fadados a se afogar. Transmitiram a ela a palavra de Deus, mas Lilith não quis voltar. Os anjos disseram: "Nós a afogaremos no mar".

"Deixem-me!", ela pediu. "Fui criada meramente para causar doença aos bebês. Se o bebê for do sexo masculino, exercerei meu domínio sobre ele por oito dias após seu nascimento; se for do sexo feminino, por 20 dias."

Ao ouvirem as palavras de Lilith, os anjos insistiram para que voltasse. Mas ela jurou em nome do Deus vivo e eterno: "Sempre que vir vocês ou seus nomes ou suas formas em um amuleto, não terei poder sobre aquele bebê". Também concordou que cem de seus filhos morressem a cada dia. Assim, cem demônios pereceram, e pelo mesmo motivo, escrevemos os nomes dos anjos nos amuletos das criancinhas. Quando Lilith vê os nomes, lembra-se de seu juramento e a criança se recupera.

Em outra passagem do Midrash, e também no *Zohar*, Lilith é associada com a noite e todas as coisas escuras. Assim diz o Zohar: "Ela [Lilith] vagueia pela noite, perturbando os filhos dos homens e fazendo-os se conspurcarem". As histórias de Lilith são muitas, e a maioria conta que ela é a consorte de vários arquidemônios (Samael, Belial e Asmodeu, entre outros), mas também de Deus, o Pai, quando sua parceira (a Matronet – título para Elohim) se encontra em exílio porque os corações da humanidade se voltam para as trevas. Apesar de ser o par de vários seres diferentes, a relação dela é maior com Samael. O Midrash intitulado "Tratado sobre a Emanação da Esquerda", escrito na primeira metade do século XIII, explica que Lilith e Samael possuem uma ligação intrínseca, assim como Adão e Eva. Declara o texto: "A Matrona Lilith é a parceira de Samael. Ambos nasceram na mesma hora e à imagem de Adão e Eva, envolvidos um no outro".

Lilith também é descrita como um "Sino Dourado" que incomoda os homens à noite em "Gênesis Rabbah" (uma coletânea de *midrashim* sobre o livro do Gênesis), 18:4.

> *"Um sino de ouro"... é ela [Lilith] que me incomodou a noite toda... Por que todos os outros sonhos não exaurem um homem, enquanto este [um sonho de intimidade ocorre] o faz? Porque, desde o começo de sua criação, ela sempre vinha em um sonho.*

Há descrições na literatura ocultista de como um homem pode se separar de Lilith, para que ela não pegue sua semente à noite, e instruções para proteger os bebês no berço. Arqueólogos encontraram tigelas que eram emborcadas nos cantos dos lares dos judeus. Continham escritos sobre um decreto de divórcio contra Lilith. Acreditava-se que o espírito dela ficava aprisionado entre as tigelas e não podia atacar os homens moradores daquela casa. Há, inclusive, um mito segundo o qual Lilith é o espírito da morte usado nas pragas egípcias para matar os primogênitos que não estivessem protegidos pela marca de sangue de carneiro na porta.

O que Há em um Nome?

O nome Lilith é uma palavra hebraica composta das letras *Lamed, Yod, Lamed, Yod, Tav* (escrita da direita para a esquerda). Em hebraico, cada letra individual tem um significado, diferentemente do alfabeto romano, no qual as letras são apenas sons. *Lamed* significa "chicote de boi" ou a força que nos impulsiona; *Yod* representa o "Espírito de Deus"; e *Tav* (a última letra do alfabeto hebraico) significada "completude" ou "unificação". Isso assinala o propósito de Lilith na criação. É ela que nos impulsiona para Deus e termina em nossa unificação. O fato de haver uma dupla de *Lamed* e outra de *Yod* é enfático e nos mostra o poder dessa força. Lilith é a criança zangada que não sabe agir de outra forma porque nunca conheceu o verdadeiro amor. No fim do ciclo mítico judaico, Lilith encontra seu caminho e retorna para Deus, assumindo seu lugar por direito como Shekinah. Nós também um dia nos lembraremos de quem somos e saberemos que somos verdadeiramente amados, prontos, enfim, para voltarmos ao nosso verdadeiro eu.

São vários os nomes associados com Lilith, tais como: Lalu, que significa "vagueando"; Lulu, "lascívia"; Lilitu, "espírito do vento"; Laila, termo hebraico usado para "noite"; e muitos outros. O nome Delilah (ou Dalila, como no Antigo Testamento) significa "da Noite" e também tem relação com Lilith.

A palavra inglesa *lullaby*, que significa "cantiga de ninar", deriva de um termo antigo que significa "Afastar Lilith"; por isso as mães protegiam seus filhos de Lilith e de outras criaturas da noite cantando para fazer as crianças dormir. Outra correlação interessante é que o termo hebraico para "salmos" tem o mesmo valor numérico que o nome Lilith, indicando uma relação entre os dois. Alguns rabinos sugerem que a recitação de salmos é um artifício para impedir que Lilith pegue a semente de um homem.

A cultura grega tem tradições semelhantes de um ser chamado Lamia, que seria a filha da Deusa Hécate. Lamia tinha um apetite por crianças e era representada como uma linda mulher da cintura para cima, com corpo de cobra em vez de pernas. Tanto sua propensão para comer bebês, quanto suas qualidades de serpente mostram um forte paralelo entre Lamia, Lamashtu e Lilith.

Mulher, Demônio ou Deusa?

Com tanta literatura e crenças em torno de Lilith, é difícil classificá-la ou definir sua função na espiritualidade. Se examinarmos a história original da criação de Gênesis 1 e do Midrash, quando descreve Lilith e sua fuga do Éden, veremos muitos detalhes curiosos. A princípio, Lilith é criada por Deus para ser a companheira de Adão. Sob um ponto de vista cabalístico, isso significa que ela foi criada à imagem de Deus para ser um repositório de energia divina, que entraria no mundo e ajudaria a humanidade em seu caminho de volta à unificação contínua com Deus. Em segundo lugar, ela parece saber exatamente onde está. Invoca o nome secreto de Deus, algo que só alguém com grande conhecimento oculto poderia fazer. Quando os anjos ameaçam destruí-la, Lilith tem consciência de seu papel vital na criação e reconhece a ameaça como um blefe. Em terceiro lugar, ela é capaz de criar, também. O significado disso é enorme porque Adão e Eva parecem não possuir essa capacidade e só procriam por meio do nascimento reprodutivo físico após saírem do Éden e serem forçados à existência física. As experiências por que passou Lilith lhe acentuaram a percepção e lhe deram habilidade para ser criadora.

Lilith obviamente se volta para as trevas ao criar crianças-demônios e jurar que matará os descendentes de Adão. Até certo ponto, não podemos culpá-la. Primeiramente, Adão tenta controlá-la, depois os anjos lhe dizem que seu criador (Yahweh/Elohim) quer destruí-la e, por fim, ela é substituída. Na cultura judaica, há uma referência a Lilith como a Mulher Divorciada, pois foi isolada de todos os relacionamentos que já teve. Como o Midrash também a descreve como consorte do Deus Altíssimo, e também de importantes demônios, ela parece vacilar entre a extrema escuridão e a extrema luz.

Lilith foi criada à imagem de Deus para ser uma dentre os primeiros humanos, mas nunca teve um corpo como Adão e Eva. Não é um demônio porque não foi criada de cascas e das trevas como os outros seres sombrios. Para entendermos o que Lilith é de verdade, precisamos compreender a Cabala (discutida em detalhes neste capítulo). Há na Cabala um conceito de Partzufim (personalidades de Deus). Essas personalidades são arquétipos e aspectos de Deus que existem quando a luz de Deus se plasma na criação. Expressam as variadas qualidades que se baseiam nos pontos de onde emana cada personalidade: cada nível e seu equilíbrio relativo de luz e trevas. O mundo físico é um lugar de dualidade onde coexistem luz e escuridão.

A presença e o poder de Deus – Shekinah, que é ao mesmo tempo Mãe e Filha – são, juntos, os verdadeiros arquitetos da criação, e também o aspecto de Deus que coexiste conosco no mundo físico para nos auxiliar e nos aproximar de nosso verdadeiro eu, da nossa iluminação. Quando compreendemos Shekinah e Partzufim, vemos que Lilith é um aspecto de Shekinah. É Partzufim como filha abandonada, sozinha, caindo nas trevas e rastejando até sair e retomar seu lugar de direito. É a Mãe das Trevas, a Noiva da Escuridão e o aspecto de cada um de nós que se sente sozinho e ferido. Portanto, no fim, ela é absolutamente uma mulher, uma força das trevas e uma Deusa. É um ser que fez de tudo, vivenciou tudo e compreende todos nós em nosso aparente isolamento.

Cabala

Quando ouvimos a palavra Cabala, logo fazemos numerosas associações, por exemplo, com a tradição judaico-cristã, a magia ritual e a cultura popular. Nenhuma dessas conotações está necessariamente errada. A Cabala é mais conhecida como parte da tradição judaica, mas muitas tradições de magia ritual, como a Golden Dawn e Thelema, também a usam. Além disso, astros da música pop como Madonna trouxeram a Cabala à atenção do público geral. O termo, porém, significa mesmo "tradição". Cabala é um sistema para conhecer o universo, a divindade, a consciência e até a individualidade. É tão flexível que pode literalmente funcionar com qualquer paradigma.

A Cabala moderna se baseia em grande parte nas obras do século XIV de Moses de León, que escreveu o *Sefer Zohar* (Livro do Esplendor) na Espanha. Tal fato levou muitos a crer que a Cabala se originou no século XIV, o que não é verdade. Existem obras cabalísticas anteriores, como o *Sefer Yetzirah* (Livro da Formação), escrito no primeiro século da Era Cristã. Ideias cabalísticas primordiais aparecem em textos ainda mais antigos, remontando aos egípcios e aos sumérios.

Um exemplo é o *Livro dos Mortos do Antigo Egito*. O texto descreve como um faraó pode atravessar o rio Styx para renascer como a divindade Hórus. Os Dez Mandamentos na Torá são tirados desse livro. O texto funerário egípcio era uma série de instruções para os faraós, só conhecidas por membros da realeza e pelos sacerdotes do Egito. Segundo os estudiosos, o texto remonta ao ano aproximado de 1550 a.C. Acredita-se que os Dez Mandamentos na Torá judaica tenham sido escritos pouco depois, provavelmente por volta do século XIV a.C.

Eis alguns paralelos entre os Dez Mandamentos e as declarações que o faraó tinha de fazer diante dos portões do submundo:

"Não matei" – Livro dos Mortos
"Não matarás" – Dez Mandamentos

"Não cometi adultério" – Livro dos Mortos
"Não cometerás adultério" – Dez Mandamentos

"Não roubei" – Livro dos Mortos
"Não roubarás" – Dez Mandamentos

"Não fui excessivamente ganancioso" – Livro dos Mortos
"Não cobiçarás" – Dez Mandamentos

Há muitos outros paralelos entre a tradição espiritual do antigo Egito e a judaica, incluindo o uso de pão e vinho como oferenda aos deuses. Esse ato era realizado pelo rei Akhenaton a Aton (o Deus Único representado pelo disco solar) no Egito, descrito em Gênesis como um rito do qual participam Abraão e Sara, conhecido mundialmente como comunhão na tradição cristã. Pode ser feita uma análise mais detalhada das semelhanças, indicando que a Cabala judaica tem origens em culturas ainda mais antigas.

Árvore da Vida e Árvore das Sombras

A Cabala moderna usa um diagrama chamado Árvore da Vida para representar as emanações de Luz Divina através dos vários reinos e dimensões, gerando a criação. A Árvore da Vida consiste em três "esferas" chamadas sefirot e 22 "caminhos" conhecidos como netivot. As sefirot são aspectos de Luz Divina e os netivot, estados de consciência representados pelas 22 letras hebraicas. Há também um diagrama chamado Árvore das Sombras, que representa a Escuridão obscurecendo a Luz Divina. As dez "esferas" dessa árvore se denominam klippot (cascas ou casulos de escuridão). As duas árvores possuem uma esfera extra que não é sefirá nem klippot. Chama-se Da'at e representa o conhecimento experiencial. É o portal entre universos.

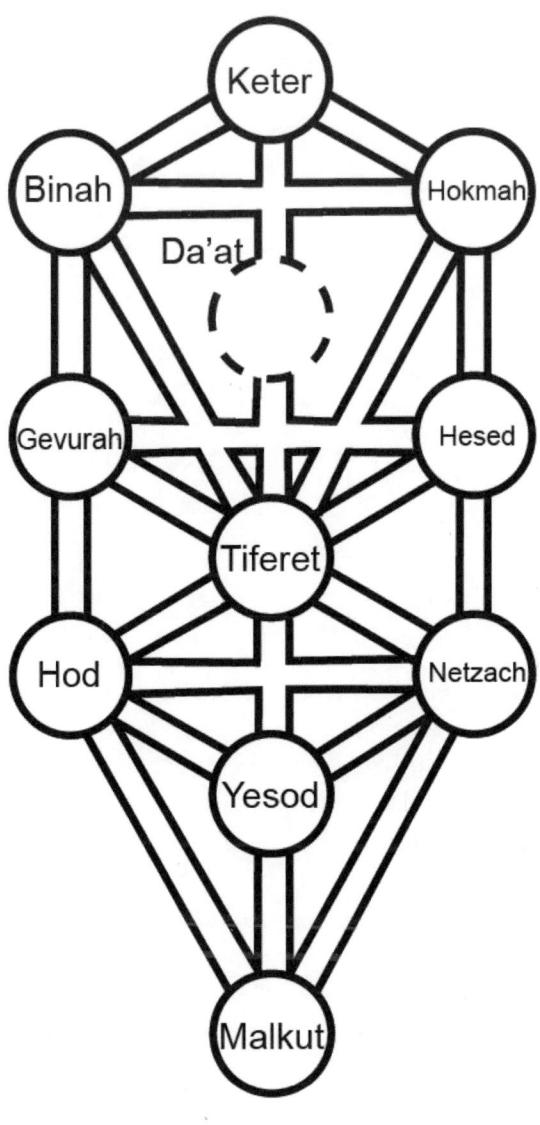

Árvore da Vida

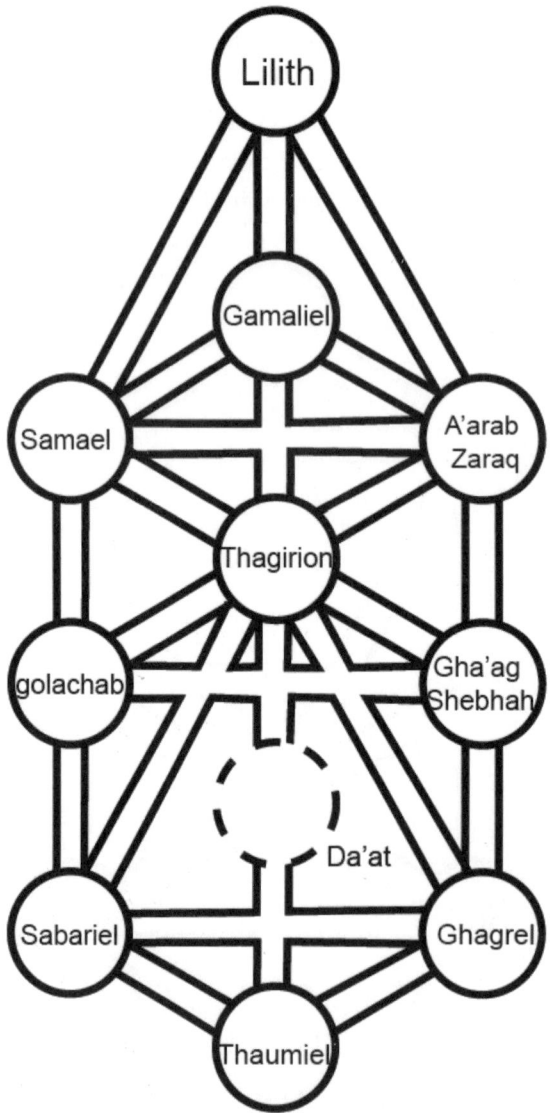

Árvore das Sombras

Cada árvore é dividida em três pilares: esquerdo, feminino, severidade; direito, masculino, misericórdia; e centro, unificação, compaixão.

A Cabala e as duas árvores não surgiram do nada. Elas derivam de uma expansão do Gênesis usando Midrash, gematria (regra hermenêutica para dar os valores numéricos das palavras) e os significados de todas as letras de cada palavra. A Árvore da Vida e a Árvore das Sombras representam a criação manifestada em perfeição e em separação, respectivamente. Esses símbolos e a literatura cabalística se tornam guias para a nossa consciência atingir uma compreensão mais profunda dos caminhos de toda a criação, desde a suprema até a mais mundana. Lilith é parte integrante desse sistema porque representa nossa consciência sentindo-se separada e sozinha.

Lilith e a Árvore da Vida

A Cabala é extremamente flexível; por isso, há inúmeros modos de ver Lilith na relação com a Árvore da Vida. Três *sefirot*, porém, são as mais intimamente ligadas a ela e nos ajudam a entender a complexidade de Lilith.

A última sefirá, Malkut, significa Reino e é o "fruto da árvore". Essa esfera representa o universo físico, que inclui nosso mundo. O aspecto de Deus em Malkut é Filha ou Noiva (Shekinah – presença e poder de Deus). A Filha é consciência de Deus que se esqueceu de que é parte do Reino Divino e perdeu o caminho, enquanto a Noiva é a Filha que recupera seu lugar por direito quando junta o próprio espírito ao Espírito do Filho. Esse simbolismo indica como a humanidade e outros seres se esqueceram de quem verdadeiramente são e precisam retornar à unidade consciente com Ain (Deus como Nenhuma Coisa), que se encontra muito além de toda a criação ou da capacidade de entendimento em estado encarnado.

A Filha e a Noiva possuem três aspectos a elas relacionados: Misericórdia, Compaixão e Severidade. Lilith é o aspecto severo de ambas, sente-se deixada de lado e não faz mais parte da Divindade. No fim, perceberá quem é de fato e retornará ao seu lugar de Noiva das Trevas.

A segunda sefirá associada com Lilith é Gevurah, que significa severidade ou restrição. Gevurah é a força que traz separação e dualismo à criação. Permite que forças trevosas e "malignas" entrem no mundo. Embora pareça uma coisa horrível, ela é necessária porque sem Gevurah não há individualidade, livre-arbítrio ou escolha, ou seja, os seres não poderiam redescobrir quem realmente são se vivessem em perpétua unidade inconsciente.

Lilith tem um vínculo muito forte com a sefirot Gevurah, pois ela é considerada como restrição. Nesse aspecto, é o Deus/Mãe das Trevas, que força mudanças e nos obriga a olhar para o lado escuro da realidade e de nós mesmos. Como seu nome indica, ela é a força que nos impulsiona para a unificação com Deus.

A terceira sefirá frequentemente vinculada a Lilith é Binah. Binah é uma sefirá suprema, fora do tempo e do espaço. É o ventre ou o palácio onde a criação existe até estar pronta para retornar a Ain Sof Or (luz infinita). Binah é o coletivo de aspectos do Deus/Mãe: misericórdia, severidade e compaixão. Nesse nível, Lilith se realiza em sua plenitude e se redime como nossa Mãe, unificada ao restante da deidade.

Todos esses aspectos de Lilith (e do "Deus/Mãe") são, na verdade, a mesma força consciente, embora vista pela lente de sua colocação na Árvore e por meio de nossa consciência. Encontramos o aspecto de Lilith do qual precisamos, ou com que podemos interagir, com base em nossa visão do mundo.

Lilith e a Árvore das Sombras

A Árvore de Klippot é uma sombra da Árvore da Vida. Consiste nas cascas, ou invólucros, das trevas criadas a partir da restrição. Na Árvore das Sombras, vemos o lado escuro de nossa consciência e as áreas que devemos curar se quisermos encontrar o caminho de volta para quem realmente somos. Muitos desprezam a Árvore das Sombras por considerarem-na "maligna", mas se você ignora o lado escuro de sua personalidade, reprime uma parte de sua consciência que, cedo ou tarde, virá à tona em momentos inesperados. Precisamos fundir a Árvore da Vida com nossa Árvore das Sombras para encontrar a verdadeira iluminação e elevação.

Assim como a Árvore da Vida, a Árvore das Sombras também é complexa. Há várias maneiras de percebermos Lilith interagindo com as klippot, mas duas são as esferas principais a ela ligadas.

A primeira esfera é a última klippot, chamada Lilith. É análoga a Malkut na Árvore da Vida, também o nosso universo físico, incluindo a terra. Na esfera de Lilith, temos a ilusão de separação e julgamento.

A personalidade Divina de Lilith nessa esfera é Na'amah. Diz-se que Na'amah é a filha ou irmã de Lilith. Mas, na verdade, é a manifestação física de sua consciência. É vista como uma sedutora que obriga os homens a fazer sua vontade, graças à sua grandiosa beleza. Trata-se, claro, do anseio e do desejo inatos que os humanos experimentam no mundo físico. É a paixão que, embora nos impulsione para longe de nosso caminho espiritual, quando purificada, nos aproxima de quem realmente somos.

A segunda esfera é a nona klippot, chamada Gamaliel, que significa os "perversos". Lilith é a personalidade Divina dessa klippot. Essa esfera é a sala de controle oculta da criação, onde vivem os sonhos e as formas astrais. A influência de Lilith alcança o subconsciente, fazendo emergir nossos desejos ocultos de nós mesmos no cotidiano. Por meio desse mecanismo, ela nos força a lidar com esses desejos, extravasando-os ou aprendendo com eles. É inevitável que esses impulsos "escondidos" manifestados em sonhos acabem entrando em nossa realidade desperta, possivelmente como tendências autodestrutivas ou sendo compreendidos e nos ensinando algo. A ligação com o mito nesses ensinamentos é óbvia, pois se diz que Lilith rouba a semente de um homem enquanto ele dorme e sonha.

Zohar e Lilith

Como o leitor deve se lembrar, o *Sefer Zohar* é um texto cabalístico escrito na Espanha no século XIV, que assinala conhecimentos ocultos cujas fontes estão na Antiguidade. Lilith é mencionada muitas e muitas vezes no *Zohar*. Não caberiam neste livro todas as referências, mas abordarei algumas passagens importantes da seção intitulada Be-Reshit ("No Princípio").

> *Quando a Lua compartilhava um único raio com o sol, era fulgurante. Assim que foi separada dele e designada para suas forças próprias, diminuiu-se, e diminuiu sua luz.*

Essa passagem se refere a um ensinamento cabalístico no qual o Sol (Tiferet ou Filho) e a Lua (Malkut ou Filha) eram outrora iguais e unidos. Em determinado momento, Tiferet e Malkut se separaram, e Malkut perdeu sua luz porque foi coberta em klippot (cascas de escuridão). Malkut não brilhava mais com tanto esplendor e ganhou diversas faces – desde a mais clara até a mais escura. Essa é a criação de Lilith, quando Malkut é obscurecida por klippot. Em uma primeira leitura, parece uma situação muito difícil, pois vemos um ser obrigado a se diminuir e restringir até se tornar uma sombra do que era. Com a compreensão, percebemos que a luz inata ainda reside nela, porém oculta, de modo que não é tão visível como antes. Em alguns casos, o mito prossegue e declara que "a Lua" escolhe se diminuir para o bem da criação. Lilith escolhe ser quem é para podermos um dia conhecê-la e descobrir quem somos de fato.

> *Que existam me'orot, luzeiros no firmamento do céu (Gênesis 1:14: erro ortográfico de me'erat, maldição).*

Essa passagem do *Zohar* é uma referência a Gênesis 1:14, em que as luzes são criadas nos céus. Parece aludir ao surgimento da Lua e das estrelas, mas na verdade refere-se à criação de seres espirituais. Ao analisarmos essa passagem, devemos nos lembrar de que o hebraico escrito antigo não tinha vogais; por isso, as palavras eram escritas apenas com consoantes e as vogais ficavam por conta do leitor. A palavra hebraica para *luzes*, me'orot, é soletrada do mesmo modo que o termo para *maldição*, me'erat, com vogais diferentes. Portanto, esses versículos de Gênesis podem ser lidos assim:

> *Que existam luzeiros no firmamento do céu*
> *Que exista maldição no firmamento do céu*

O autor do *Zohar* ainda descreve Lilith e seus filhos como a maldição no firmamento do céu. Embora sejam considerados uma "maldição", não são indesejáveis, nem desnecessários. O *Zohar* descreve o modo como Lilith é colocada por Deus no fundo do oceano (o mar de luz) até Adão e Eva entrarem na criação física; a partir daí, ela é libertada para vagar pelo mundo. Apesar de vistos como maldição, Lilith e seus filhos são extremamente necessários. Ela é a força que nos impele para a nossa iluminação.

Lilith, a Anciã, e Lilith, a Jovem

Os textos cabalísticos geralmente se referem a duas Liliths. A primeira, Lilith, a Anciã, é o ser chamado de "a primeira mulher de Adão". É aquela criada em Gênesis 1, cujo lado masculino é Samael. Lilith, a Jovem, seria a filha de Qaftzefoni, o Príncipe e Rei do Céu, com sua mulher Mehetrebel, filha de Matred. Muito pouco é documentado nas tradições judaicas sobre esse casal misterioso, mas a filha dos dois, Lilith, a Jovem, se casou com Ashmodai, o rei dos shedim (demônios compostos de almas humanas que nunca tiveram corpos).

Textos posteriores afirmam que Lilith, a Jovem, entrou em combate com Lilith, a Anciã. Entre essas poucas histórias cabalísticas, não fica claro em que divergem a mais velha e a mais jovem, qual delas é citada no Midrash e nos textos bíblicos, ou por que há um conflito entre as duas, além de um ciúme potencial.

É possível que esse mito seja uma representação da batalha entre a Lilith redimida e a Lilith não redimida – a parte dela que encontrou a iluminação e a parte que ainda existe na separação. Qual das duas é a "redimida" cabe à interpretação da história. Lilith, a Anciã, ou a Mais Velha, é um ser primordial que encontra, por fim, a iluminação, embora, em diversas ocasiões de sua longa história, esteja longe da pureza. Lilith, a Jovem, seria a filha de seres celestes e a mulher de Ashmodai, que é um ser híbrido, em vez de maligno como Samael. Há argumentos possíveis para que uma ou outra seja a "justa" em qualquer situação. Infelizmente, o Midrash nunca esclarece esse ponto, o que nos deixa sozinhos na discussão.

Na'amah

Na'amah (que significa "agradável") tem um vínculo muito forte com Lilith na tradição judaica. Em algumas histórias, ela é irmã de Lilith e, em outras, sua filha. O nome Na'amah é mencionado em Gênesis 4:22 (Naamá) como uma descendente de Caim. É a única filha citada de Lameque e Zilá, e a criança mais nova nomeada. Seu irmão era Tubalcaim, enquanto Jabal e Jubal eram meios-irmãos, filhos da outra esposa de Lameque, Ada. No Midrash, a mulher de

Noé se chama Na'amah, também citada como sua mulher no Alcorão, que a denomina como "mulher má".

Na lenda judaica, Na'amah seria semelhante a Lilith. Também é chamada de consorte de Samael, e também copula com Adão após a queda deste do Jardim. Além disso, é apontada como uma das mulheres que levaram os Observadores a pecar, quando se tornaram, enfim, anjos caídos. Na'amah ataca os homens fracos e os usa para seus fins, o que a torna uma sedutora arquetípica. É descrita como incrivelmente bela, mas muito furiosa.

Ela é mencionada no *Zohar* e no Midrash várias vezes, mas geralmente em conjunção com Lilith. Há, porém, algumas referências individuais, por exemplo: "E esses dois governantes nomeados pelo Criador nadam no Grande Mar, voam a partir deste, e à noite procuram Na'amah, a mãe das bruxas, por quem os primeiros seres humanos caíram".

Na Cabala, Na'amah é associada com o mundo físico e a klippot (casca de escuridão) chamada Lilith. Segundo as Escrituras, é uma mulher humana e pode ser interpretada como uma encarnação física de Lilith e seu aspecto no mundo. A passagem do *Zohar* citada anteriormente indica seu papel de genitora de bruxas, que também são seres encarnados. Vemos aí um contraste com Lilith, cujas filhas, Lilin, são seres espirituais incorpóreos.

Por meio do conceito de Partzufim (personalidades divinas), Na'amah e Lilith podem ser consideradas seres separados, com personalidades e atributos próprios. Entretanto, são, na verdade, a mesma consciência em níveis diferentes de criação. Tal fato não impede um praticante de trabalhar com Na'amah ou Lilith, ou ambas, mas é importante lembrar que a energia básica é a mesma.

Agrat bat Mahlat

Agrat bat Mahlat ("Filha de Mahlat"), às vezes chamada de Igaret, é vista como um demônio no folclore judaico. Tem estreita relação com Lilith e pode ser considerada uma das consortes de Samael. Em algumas histórias, é filha de Lilith; em outras, de Na'amah. É a mais jovem das três, apesar de ser representada como uma bruxa velha, geralmente. Em alguns contos, Agrat bat Mahlat é considerada Lilith, a Jovem.

Segundo a lenda, os espíritos que Salomão controlava, incluindo Agrat, foram todos colocados dentro de uma lâmpada em uma caverna perto do Mar Morto. Posteriormente, o rei Davi descobriu a lâmpada e copulou com Agrat. Ele lhe deu um filho híbrido, Asmodeu, rei dos demônios. Na continuação da história, o poder que exercia sobre o homem foi diminuído e ela não pôde mais causar tumultos e produzir bebês-demônios.

Agrat é um dos aspectos mais enraivecidos de Lilith. Quando não é retratada como uma bruxa velha, aparece na condição de um vazio escuro (como um buraco negro consciente). É possível trabalhar com Agrat, mas o contato com ela pode ser difícil e assustador. Já ouvi falar de visões de Agrat devorando o corpo da pessoa iniciada enquanto se comunica com ela. Isso demonstra sua natureza de devorar cascas de escuridão e deixar somente aquilo que serve. O processo pode ser apavorante e doloroso. Não é para os fracos de coração nem para aqueles que mal começaram a explorar a Mãe das Trevas.

Quimbanda, Lilith e a Pombagira

A Quimbanda é uma tradição espiritual do Brasil que mistura religião africana, misticismo brasileiro nativo, magia ritual europeia e Cabala Judaica. Pode parecer uma amálgama estranha de ideias, mas foi o resultado da colonização portuguesa. Muitas pessoas de Portugal foram exiladas no Brasil, incluindo algumas que lidavam com o misticismo. Junto aos praticantes nativos e escravos africanos, elas criaram a tradição da Quimbanda.

A Igreja Católica imediatamente demonizou a Quimbanda, chamando-a de satanismo. Ao contrário de outras religiões de inspiração africana (como a Santeria), que escapavam da desaprovação católica oficial por usar santos para representar suas divindades, os iniciados da Quimbanda acatavam a visão da Igreja sobre sua fé e diziam, basicamente: "Se querem pensar que veneramos o diabo, então veneraremos o diabo". Adotaram um sentimento anticatólico, usando abertamente imagens ameaçadoras e tétricas. Na realidade, Quimbanda não é satanismo, e sim uma tradição rica que utiliza comunhão com espíritos para realizar trabalho de magia.

No cerne dessa tradição se encontram os conceitos de Exu e de Pombagira. São espíritos masculinos e femininos cujas personalidades, características e práticas consistem em legiões. Exu e Pombagira são combinações de divindades e dos espíritos de humanos mortos que adotaram o arquétipo representado por ambos. Todos os Exus são masculinos, enquanto as Pombagiras são femininas. Para o propósito deste livro, discorrerei apenas sobre a Pombagira, pertinente à temática de Lilith.

Pombagira significa "pomba se movendo em espiral ou girando", e se refere aos espíritos femininos que assumem qualquer aspecto necessário, conforme a situação. A Quimbanda ensina que a mãe ou a fonte de todas as Pombagiras é Lilith, e sua rainha é Na'amah. A Cabala Judaica diz que Lilith deu à luz muitos demônios chamados Lilin, que compartilhavam de sua natureza e espécie. Essas "entidades demoníacas" eram de natureza basicamente sexual, e Lilith as teria criado para seduzir os homens por meio do desejo em seus sonhos. Utilizavam a semente de um homem para gerar mais demônios. Creio que se trate de uma simplificação exagerada das crias de Lilith, assim como sua descrição como demônio é um exagero contra a própria Lilith.

As Lilin parecem ter sobrevivido na Quimbanda como as Pombagiras, vistas como benevolentes para aqueles que as procuram, ao contrário do mito hebraico. São espíritos femininos que se encarregam da tarefa de transformação e proteção para qualquer pessoa que as busque, de modo diferente das Lilin lendárias, consideradas negativamente como demônios da lascívia. A Pombagira é muito parecida com Lilith, porém com traços específicos de personalidade e um impacto muito pessoal sobre o indivíduo que a ela recorre.

Como já mencionado, Pombagira é uma legião, pois são muitas as entidades classificadas como tal. Subdividem-se em reinos que representam o trabalho que fazem, tais como encruzilhadas, o mar, o cemitério, etc. Uma Pombagira notável é Maria Padilha, que foi uma pessoa real na Espanha do século XIV. Era casada com o rei Pedro, de Castela, mas foi abandonada e enviada ao exílio para Pedro ser forçado a desposar uma mulher da realeza. Maria morreu aos 27 anos, deixando quatro filhos. Muitos a amavam, mas alguns achavam que era bruxa. Ela foi muito difamada e maltratada, tanto em vida quanto em reputação após a morte. Maria Padilha teria se tornado uma Pombagira, então, e a tradição da Quimbanda a venera até hoje. Sua vida, morte e maus-tratos fazem dela um arquétipo de Lilith; sua história nos permite um vislumbre do que é uma Pombagira e como pode ser considerada um verdadeiro demônio Lilin (as crias de Lilith).

Veronica Rivas, autora de *Maria de Padilla: Queen of the Souls*, compara a Pombagira com as Dakini budistas. No Budismo, as Dakini são espíritos femininos enfurecidas que combatem demônios, efetuam transformação e protegem aqueles que as procuram. Penso que essa é uma forma delicada de interpretar a Pombagira (ou as Lilin) e a própria Lilith, uma vez que essa é também sua natureza.

Pombagira e Yesod

Na seção anterior, comparei as Lilin (crias de Lilith) com a Pombagira da Quimbanda. Isso se deve ao fato de a lenda e a tradição da Quimbanda afirmarem que Lilith é a genitora dessas forças femininas que escolhem proteger e trabalhar com os humanos. Na Cabala, Yesod (a nona esfera da Árvore da Vida) e Gamaliel (a segunda da Árvore das Sombras) são considerados o reino astral e o reino dos sonhos. Como já vimos, Na'amah é a energia consciente de Lilith na sefirá Malkut e Klippah de Lilith. Parece que as Pombagiras são o aspecto de Lilith em Yesod e Gamaliel, os espíritos e entidades oníricas com que podemos trabalhar tanto em rituais quanto em estado sonambúlico. É interessante a menção nas lendas judaicas das Lilin que procuram os homens adormecidos e roubam suas sementes. Isso mostra uma relação profunda entre Lilin e Pombagira, ambas mexendo com nosso subconsciente e usando nosso poder criativo. A questão é se estamos dispostos a compartilhar essa criatividade ou se nos sujeitamos às influências das entidades e vemos o que não gostaríamos de ver.

Naga e Dakini

Naga e Dakini são deidades e espíritos femininos hindus e budistas com funções múltiplas. Costumam ser vistas como raivosas ou severas, guerreiras contra forças trevosas e hostis. Podem ser descritas como seres energéticos em forma feminina que representam o movimento de energia através do espaço.

Lendas das Naga e Dakini variam desde histórias de proteção compassiva até de demônias vingativas. Essa variedade aponta para a natureza dessas entidades como seres que são interpretados de acordo com as características do observador. São entidades compassivas para aqueles que esperam compaixão, ou enraivecidas com qualquer pessoa que não esteja em paz consigo ou queira ferir os outros.

A autora Veronica Rivas faz um trabalho excelente ao mostrar que as Pombagiras são muito parecidas com as Dakini do Oriente. Todas são entidades femininas em busca de justiça e equilíbrio por qualquer meio necessário. É preciso ter uma percepção não dualista da natureza da realidade para compreender que, quando um movimento espiritual é severo com uma pessoa e compassivo com outra, sua função é o aperfeiçoamento de ambas. As Naga, as Dakini e as Lilin costumam ser demonizadas por aqueles que só julgam e não transcendem, pela experiência, para a compaixão e a mudança.

Prostituta da Babilônia

Embora Lilith não seja mencionada claramente no Novo Testamento cristão, muitos creem que a Prostituta da Babilônia citada no Livro do Apocalipse seja ela.

A Prostituta da Babilônia é descrita em Apocalipse 17:3-5:

> *E o Anjo me levou em espírito até o deserto. Aí eu vi uma mulher sentada sobre uma Besta de cor escarlate, cheia de títulos blasfemos. A Besta tinha sete cabeças e dez chifres. A mulher usava vestido cor de púrpura e escarlate. Estava*

toda enfeitada de ouro, pedras preciosas e pérolas. Tinha na mão um cálice de ouro cheio de abominações, que são as impurezas de sua prostituição. Na fronte da mulher estava escrito um nome misterioso: "Babilônia, a Grande, a mãe das prostitutas e das abominações da terra".

Para compreendermos as imagens apresentadas, devemos examinar as associações cabalísticas. Veja a Besta, em primeiro lugar. Escarlate é a cor da paixão, geralmente associada com Gevurah (a sefirá de restrição). É dito que a Besta tem sete cabeças e dez chifres – sendo sete as sefirot na Árvore da Vida que se encontram na criação e dez o número total de sefirot nessa Árvore. A chave dessa imagem é que a Besta está cheia de títulos blasfemos, indicando que, em vez da Árvore da Vida, ela é, na verdade, o espírito da Árvore das Sombras, e as sete cabeças são klippot (cascas de escuridão). A mulher descrita controla o espírito da Árvore das Sombras, cavalgando-o para a batalha.

A mulher é descrita em vestimenta púrpura (simbolizando a realeza) e escarlate (paixão e restrição), o que indica que é uma rainha em Gevurah. Usa ouro, joias e pérolas, além de carregar um cálice, muito ao estilo do Santo Graal, porém um Graal do Inferno. Com o título de "Babilônia, a Grande, a mãe das prostitutas e das abominações", essa figura só pode ser Lilith. É a Rainha de Klippot, Rainha da restrição e a Rainha de todas as coisas que não têm lugar certo.

A maioria dos cristãos vê a Prostituta da Babilônia como uma figura maligna a serviço das trevas, empenhada na destruição da humanidade. Entretanto, se entendermos Lilith e seu propósito, veremos que ela existe para nos impelir à unificação com Deus. É o impulso para que detestemos nossa separação da unidade consciente, o chicote que nos move adiante, para nossa iluminação. Ela nos traz a Árvore das Sombras, para decidirmos encontrar a Árvore da Vida.

Em um trecho posterior do Apocalipse (17:15-17), vemos o propósito de Lilith:

O Anjo continuou a me explicar: "Você viu aquela prostituta que está sentada perto de muitas águas. Essas águas são povos, multidões, nações e línguas diversas. Os dez chifres que você viu, juntamente à Besta, começarão a odiar aquela prostituta, a despojarão e a deixarão nua. Comerão suas carnes e a queimarão. Pois Deus colocou no coração deles o desejo de realizarem o seu próprio plano: vão entregar sua realeza à Besta, até que as palavras de Deus sejam cumpridas.

A humanidade é forçada a lidar com sua escuridão, e os povos odiarão a Rainha que lhes expõe sua condição ainda trevosa. O ego do homem é tão forte que esperneará e gritará para reobter o controle, lutando contra aquela que lhe mostra seu lado escuro, tirando dela a riqueza e o poder até que nada sobre. No fim, despojado, o homem encontra seu eu verdadeiro e come da Árvore da Vida, cumprindo o propósito de Lilith. Nesse movimento, Lilith encontra a iluminação e é libertada de seu lugar nas klippot.

Gnosticismo

A palavra gnose deriva do grego e significa literalmente "conhecimento". Por ter uma ligação com a espiritualidade, alguns afirmam que o termo significa "conhecimento oculto", mas uma definição mais correta seria "conhecimento experiencial". Portanto, um verdadeiro gnóstico é o indivíduo que busca a compreensão experiencial de sua espiritualidade, em vez da fé cega. A fé é um bom ponto de partida para a jornada, mas nunca a meta final. Fé pode ser considerada "crença na experiência por vir", e nossa jornada é sempre a fé que nossas experiências seguirão por meio da gnose.

O Gnosticismo surgiu primeiramente como parte de um conjunto de tradições cristãs místicas, por volta do século II d.C. Alguns estudiosos limitaram a definição para esse grupo e não levaram em conta o cenário maior que o Gnosticismo abrange. Se o gnóstico procura o conhecimento experiencial de sua espiritualidade, o termo pode ser usado para outras tradições variadas, de todo o mundo. Não é preciso limitar o Gnosticismo à corrente cristã de espiritualidade. Podemos considerar gnósticos o Hinduísmo, o Budismo, o Cristianismo Gnóstico, a Cabala Judaica, o Taoismo, a tradição tolteca, o Druidismo antigo, a tradição islâmica Sufi e muitas outras filosofias/religiões.

Lilith é emprestada do Midrash judaico pelos gnósticos, mas, de um modo geral, o princípio feminino criativo se chama Sophia, termo grego para "Sabedoria". Sophia é ao mesmo tempo a Mãe de luz e de trevas, bem como a Filha, dependendo do texto gnóstico específico. Às vezes, é uma grande luz que trabalha com o Pai "incognoscível" e, em outras ocasiões, perde sua luz, cai na escuridão e cria seres hostis por causa da dor de sua restrição. Na maioria dos mitos gnósticos da criação, Sophia cria o ser das trevas conhecido como Demiurgo ou Yaldabaoth, o "Falso Criador", e ela se manifesta como a serpente no Jardim do Éden. No Gnosticismo, Sophia se associa com Shekinah ("Presença e Poder de Deus") na Cabala, mas raramente recebe nomes para diferenciar sua face brilhante da face escura.

Há duas exceções interessantes nos textos gnósticos "A Hipóstase dos Arcontes" e "O Pensamento de Norea". Nesses escritos, uma figura feminina chamada Norea tem um papel central em ambas as histórias. Não mencionada em nenhum outro lugar na literatura gnóstica, muito pouco se sabe dela, mas se afirma que seria a filha de Eva ou a mulher de Noé. Detalhe particularmente interessante é que Norea seria a versão copta/grega do nome hebraico Na'amah, que significa também "agradável". Parece que o texto do Midrash a respeito de Na'amah como esposa de Noé era conhecido e adotado pelos gnósticos em época posterior. Em "A Hipóstase dos Arcontes", Norea exige admissão na arca e quando Noé nega, ela invoca o poder do fogo e queima a arca inteira, obrigando Noé a construir outra.

Thelema

Thelema é um caminho de magia criado por Aleister Crowley, baseado no Gnosticismo, na magia cerimonial ocidental, na Cabala e nas tradições orientais. Por causa de suas origens e influências, o que vimos em seções anteriores acerca do Gnosticismo e da Cabala se aplica, de um modo geral, à Thelema. Em seus escritos, Crowley descreve uma deusa conhecida como Babalon, também chamada de a Mulher Escarlate, Grande Mãe, ou Mãe das abominações. É representada em seu termo mais abstrato, como o impulso sexual feminino e a mulher liberada. Isso deixa claro que é um arquétipo baseado em Lilith. Em Thelema, geralmente uma mulher é chamada de Babalon e age como a personificação da Deusa nos rituais.

É notável o fato de os termos Grande Mãe e Mãe das Abominações serem usados para descrever Babalon, uma vez que parecem títulos opostos. Nos ensinamentos cabalísticos, tudo que se encontra fora da "não coisa" primordial que seja verdadeiramente divina é Klippot (uma casca, ou casulo, de escuridão), pois se trata de uma "cobertura" ou "concha" que traz a centelha divina à criação. Nesse sentido, tudo seria uma abominação (anjos, demônios, arcontes, criação física, etc.) porque nada é a pureza da "Não Coisa". Essa verdade cabalística ressalta a ideia de que a Grande Mãe é a Mãe das Abominações, mostrando a verdadeira natureza de Lilith como Mãe de todos.

Allat, Al-Uzza e Manat

O culto às deusas Allat, Al-Uzza e Manat era praticado em várias regiões do Oriente Médio. Elas eram veneradas em muitos lugares e sob diversos nomes. O culto básico continuou na Península Árabe até o início da Era Islâmica.

Nas lendas do Oriente Médio, as três deusas seriam as filhas de Alá, enquanto parte da mitologia afirmava que sua mãe era Lilith. As três são mencionadas inclusive nos "versículos satânicos" do Islã.

> *Pensaste em al-L Lāt e al-'Uzzá' e Manāt, a terceira, a outra? – Sura 53, 19-20*

Esses versículos, que nunca entraram para a versão canônica do Alcorão, são considerados heréticos e sua sugestão é atribuída a Satanás, em vez de inspiração divina. Allat, Al-Uzza e Manat são consideradas por certos estudiosos uma deusa árabe tripla da Lua.

O nome de Allat tem duas etimologias possíveis: do verbo *latta* (misturar ou amassar uma refeição de cevada) ou uma versão feminizada do nome de Deus, Alá. É possível que o nome de Allat abranja, na verdade, as duas ideias. Em primeiro lugar, como a filha de Alá, uma forma feminizada de seu nome faria sentido, mas uma vez que Allat é vista como uma deusa mais enraivecida, também pode ser "a pedra de amolar".

Já o nome de Al-Uzza deriva de Uzza, um jardim famoso perto do palácio do rei em Jerusalém. Pode significar que ela é a "Deusa do Jardim". Al-Uzza era invocada pela tribo pré-islâmica Quraysh para proteção e tinha um templo a ela dedicado até os invasores muçulmanos o destruírem em 630 d.C.

Manat é considerada a mais velha das três deusas irmãs. Seu nome tem duas possíveis etimologias: da palavra árabe *mana*, que significa "estabelecer" ou "determinar"; ou de outro termo árabe, *maniya*, cujo significado é "destino". Assim como no caso de sua irmã Allat, as duas raízes plausíveis de seu nome são aplicáveis, o que faz de Manat a deusa do destino e do julgamento.

As imagens de Allat, Al-Uzza e Manat possuem certa correspondência com as de Lilith nas fontes sumérias. Todas têm asas e outras características de pássaros. As três têm uma forte relação com Lilith, assim como Na'amah e Agrat, às vezes consideradas filhas e outras vezes aspectos da própria Lilith.

As Outras Mães das Trevas

Todas as culturas têm uma Mãe das Trevas que rege a noite e, geralmente, a bruxaria. Este livro é sobre Lilith, mas todas as outras Mães das Trevas compartilham características com a Lilith suméria e judaica. E todas possuem vínculos com a noite, a Lua, a magia e a fúria.

A greco-romana Hécate é uma deidade complexa que remonta à Pré-história. Rege as encruzilhadas, a magia, a bruxaria, o herbalismo, os venenos, a necromancia e a feitiçaria. Hécate é uma "Grande Deusa", ou seja, está acima de todas as outras divindades em seu panteão, o que se verifica no fato de todos os deuses se curvarem a ela. Pode ser vista como uma Deusa das Trevas suprema que reina além da criação.

No Hinduísmo, Kali – que significa "preto" – é uma deusa que destrói forças malignas. Em certa época, foi venerada como a Mãe do Universo e de toda a realidade. Embora possa ser considerada uma protetora divina, também é vista como extremamente irada, às vezes às raias da insanidade. Parte de sua iconografia é um colar de cabeças humanas.

Na cultura celta, Ceridwen era uma feiticeira que trabalhava sua magia em um grande caldeirão. É a deusa da transformação, do renascimento, da inspira*ção* e da magia. Em um mito galês, Ceridwen se transforma em um dragão gigante, devora o protagonista, mas ele renasce dali a nove meses como o bardo Taliesin.

Na magia africana e latino-americana, Oiá é a deusa ou Orixá dos ventos, relâmpagos e tempestades violentas. Como guerreira imbatível, Oiá destrói qualquer oponente e controla todos os mistérios que cercam os mortos.

Santa Muerte ou "Morte Santa" é a personificação da morte como divindade feminina na cultura mexicana. É associada com cura, proteção e passagem segura para a vida após a morte. Santa Muerte é famosa por amar aqueles que são malvistos pela sociedade, como as prostitutas e os homossexuais. Retratada como uma figura esquelética com túnica, portando uma foice e um globo, ela é indubitavelmente a Mãe Morte.

Há muitos outros exemplos de deusas Mães das Trevas em toda cultura e todo ciclo mitológico na história humana. Embora tais seres tenham nomes diferentes e reflitam normas culturais diversas, todos são aspectos da Mãe das Trevas e, em sua essência, relacionam-se energeticamente com Lilith.

Imagens de Lilith

Com o passar dos séculos, aparecem imagens de Lilith em quantidades grandes demais para se contar. Nesta seção, exploraremos algumas das mais famosas e icônicas através da história.

A primeira imagem é um relevo em terracota de suas origens na Suméria e na Mesopotâmia, muito semelhante a Ereshkigal (deusa suméria do submundo e irmã de Ishtar); às vezes, não se sabe qual deusa é retratada. Alguns historiadores acreditam que os animais que a acompanham podem ser a chave para entender qual deidade é representada. O leitor notará asas e pés de pássaro que eram associados com Lilith como entidade que controlava tempestades e ventos. O chapéu canônico e os símbolos que ela segura são todos emblemas de poder e divindade na cultura suméria.

A imagem seguinte é uma estátua individual, encontrada em um pequeno templo dedicado a Lilith. Foi despedaçada, mas os arqueólogos conseguiram remontá-la. O aspecto mais impressionante dessa estátua é a representação de Lilith como protetora e afetuosa.

A peça seguinte é chamada de "Lilith Chorando" e foi encontrada na Turquia atual. Não se sabe ao certo se foi produzida por artistas gregos ou turcos.

Nem todas as imagens de Lilith eram estátuas individuais, às vezes eram gravadas em objetos de uso doméstico ou ritual. A lâmpada romana representada a seguir foi vendida em um leilão neste século, mas nunca se verificou sua autenticidade.

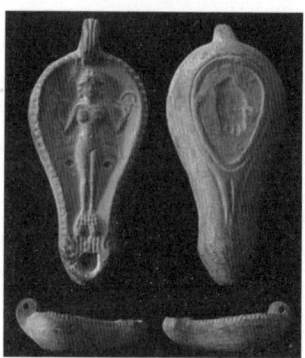

Muitas das pinturas criadas na Era Cristã retratam Lilith como a serpente no Jardim do Éden.
Fig. 1 – Século XV – *Tentação*, de Lutwin
Fig. 2 – Século XV – Iluminação em Manuscrito
Fig. 3 – Século XV – Pintura franco-flamenga dos Irmãos Limbourg
Fig. 4 – Século XVI – *Titã*

Fig. 5 – Relevo da Catedral de Notre-Dame
Fig. 6 – Teto da Capela Sistina
Fig. 7 – Detalhe de uma miniatura em Florença, Itália

    Nos séculos XIX e XX, as imagens de Lilith adquiriram um toque romântico, mostrando-a como uma bela mulher. Em muitas dessas imagens, ela tem cabelos ruivos por causa da referência a um temperamento inflamado e, às vezes, à bruxaria.

Fig. 8 – 1868 – *Lad Lilith*, de Dante Gabriel Rossetti
Fig. 9 – 1892 – *Lilith*, de John Collier
Fig. 10 – 1892 – *Lilith*, de Kenyon Cox
Fig. 11 – 1926 – *Lilith*, de Abel Pann
Fig. 12 – 1905 – *Lamia*, de John William Waterhouse
Fig. 13 – 1905 – *Lamia*, de John William Waterhouse

Figura 1

Figura 2

Figura 3

Figura 4

Figura 5

Figura 6

Figura 7

Figura 8

Figura 9

Figura 10

Figura 11

Figura 12 *Figura 13*

Essas imagens são uma pequena amostra de obras de arte com a temática de Lilith no decorrer dos tempos. O mais notável é que a visualização de Lilith muda de acordo com a mentalidade daqueles que a encontram. De certa forma, ela é o reflexo da cultura que a interpreta, emergindo do inconsciente coletivo em imagens que atraem e assustam.

Imagens e Mitos Modernos

O século XX assistiu e o XXI assiste a um ressurgimento da relevância de Lilith na cultura popular. Seu nome é usado como símbolo do poder feminino, incluindo a *Lilith Fair*, um evento em que as cantoras se apresentam louvando as questões da mulher. Muitos livros, revistas em quadrinhos, programas de televisão e filmes apresentam Lilith como uma sedutora, um demônio ou uma vampira. Embora seu nome e popularidade cresçam, há ainda muitos equívocos e simplificações quanto a quem ela realmente é. Entretanto, a percepção de que somos atraídos à Rainha das Trevas é positiva e dá às pessoas a oportunidade de examinar a si mesmas tanto quanto a ela.

Lilith e nossa Consciência

Na tradição cabalística, "o humano" é um ser plenamente realizado que conseguiu reunir todos os componentes de sua consciência e descobrir quem ele é realmente. Diz a tradição que cada humano possui quatro arquétipos principais: Adão, o macho misericordioso; Samael, o macho severo; Eva, a fêmea misericordiosa; e Lilith, a fêmea severa. Cada um de nós tem aspectos dos quatro embutidos na consciência. Como este livro trata de Lilith, abordarei esse aspecto específico de nossa consciência e o que precisamos transformar em relação a ele.

Devemos nos lembrar de que a Lilith não iluminada é "a mulher divorciada". Sente-se abandonada, diminuída e marginalizada. Em vez de se tornar a vítima, explode de raiva, tentando encontrar a autoestima e obrigar os outros a pagar por seu sofrimento. Esse aspecto de humanidade está em flagrante desequilíbrio em nossos tempos, quando tantas pessoas se sentem subjugadas. Qualquer indivíduo que se sinta diferente da média ou indesejável na sociedade conhece essa dor, e já experimentou a vergonha e a raiva provenientes da rejeição.

Encontrar a forma iluminada da consciência de Lilith é perceber que somos todos iguais, mesmo que os outros não vejam nossa beleza e poder. Aprendemos que nossa tarefa não é obrigar os demais a "pagar", mas sim aceitar nossas diferenças e convertê-las em forças para, desse modo, ajudarmos todos os que se sentem "diminuídos".

O ser que conhecemos como Lilith experimentou todo tipo de dor ou separação que podemos imaginar. Ela sabe o que sofremos e nos força a encarar nossos medos e escuridão. Machuca, mas sabe que, no fim, tudo isso fará de nós indivíduos mais fortes e sadios. Ela nos dará força e quebrará alguns de nossos obstáculos para nos ajudar a discernir o caminho.

Que Tudo Faça Sentido

É importante usarmos as imagens cabalísticas e compreendermos a consciência porque, assim, podemos mudar nossa rede neural e experienciar Lilith mais plenamente. Quanto mais visualizarmos e entendermos as relações e a energia, mais aptos estaremos para corporificá-la. As práticas, a invocação e os rituais na última parte (Experienciando Lilith) se baseiam na Cabala e em nossa capacidade de conexão com Lilith e sua energia para a autotransformação, a abertura dos caminhos, proteção e outras formas de assistência.

Lilith é a primeira mulher, um ser da escuridão, uma deusa, uma força da natureza e parte integrante de todo ser humano. Ela é a parte de nós que sofre, mas que nunca desiste. É a dicotomia de fúria e compaixão, dor e cura, ira e proteção, ódio e amor, fins e começos. Conhecê-la em qualquer forma que você quiser é compreender a si mesmo.

Segunda Parte:
Explorando Lilith

Capítulo 1

E [Elohim] criou o homem à sua imagem; à imagem de Deus ele o criou; e os criou homem e mulher.

Gênesis, 1:27

Tive muitos nomes e muitas faces no decorrer dos séculos. Fui muitas mulheres; alguns me viram como um horrendo demônio, outros como um lindo anjo. Há tantas histórias a meu respeito, que já não posso mais enumerá-las. Todas são verdadeiras, ainda que os fatos não sejam exatos, pois nestes infinitos anos em que existo, fiz e vi tudo que se possa imaginar. Se já ouviu falar de mim, peço-lhe que deixe de lado suas noções preconcebidas, boas ou ruins, para captar com a mente e o coração abertos o que tenho a dizer. Não peço por mim, mas por você. Poderíamos ir direto ao assunto, e eu lhe diria o que sou e qual é meu verdadeiro propósito, mas seria desonesto. Você precisa fazer as próprias escolhas e chegar às suas conclusões; por isso, minha história deve impactá-lo de alguma forma. Espero que o aprendizado de algo a meu respeito o ajude, ao menos, a conhecer a si mesmo um pouco melhor.

Minha história começa em um local conhecido por todos como Éden. Imagino que, ao ler isso, você conclua apressadamente que eu seja aquela chamada de Eva. Não o culpo por tal suposição, pois Eva é muito mais conhecida e aceita do que eu. Mas não sou ela. Meu nome é Lilith e fui a primeira mulher de Adão. Essa pode ser uma revelação chocante para algumas pessoas, porque a religião moderna simplesmente se esqueceu de mim. Há pistas de minha existência nas escrituras canônicas do Judaísmo e do Cristianismo, mas, para realmente saber algo sobre mim, você precisaria examinar mais profundamente os textos que foram abandonados por muita gente, isto é, as obras místicas do Midrash judaico e a Cabala. Também me encontrará em alguns épicos da Suméria, como o *Gilgamesh*. Devo adverti-lo de que, se resolver viajar no tempo, envolvendo-se na exploração dessas obras, poderá ficar mais confuso do que estava antes de começar. Há muitas inferências e contradições a meu respeito, mas, como já afirmei, minha história não é simples.

O Éden não é um lugar físico na Terra, mas um reino espiritual. É um local no centro do Primeiro Céu, conhecido como Tibel-Vilon. O conceito de múltiplos céus pode ser novo a você, algo que talvez nunca lhe tenha passado pela cabeça. Tenho certeza de que já ouviu a expressão "sétimo céu". Bem, as palavras não são apenas figurativas; existem literalmente sete Céus. Embora todos sejam lugares maravilhosos de luz espiritual, nenhum deles é onde mora o Deus Altíssimo. Para chegar à morada de Deus, é preciso ir além do Sétimo Céu, até o Reino Supremo. Tibel-Vilon é a imagem de uma Terra paradisíaca, com todo o potencial de flora e fauna; um local de grande beleza. Éden, o centro do Primeiro Céu, é um lugar perfeito de harmonia e equilíbrio, um ambiente ideal para Deus criar Suas primeiras almas humanas. Um espaço onde podíamos crescer e aprender sem o risco de qualquer separação ou escuridão. O verdadeiro Paraíso.

Posso me referir a Deus nos dois gêneros, pois Ele/Ela é, em essência, nem um nem outro, diferentemente de todos e de tudo que for considerado fora do Reino Supremo. Deus é incognoscível. Mas, por meio do ato de criação, Deus, chamado Yahweh/Elohim, se manifestou como Pai e Mãe, para que a criação pudesse conhecer e se tornar conhecida. Não é um conceito tão difícil como parece. Você deve ter tido muitos "rótulos" em sua vida, tais como criança, estudante, irmão/irmã, pai/mãe, e assim por diante. É assim que o Deus Altíssimo se manifesta como nosso Pai e nossa Mãe. São *personas* ou papéis assumidos por amor.

Adão e eu fomos criados ao mesmo tempo. Deus/Mãe (Elohim) nos modelou a partir da substância da criação e nos deu o sopro da vida, agraciando-nos com alma e espírito, o que nos tornou humanos. Como Deus é ao mesmo tempo macho e fêmea, Pai e Mãe, fomos criados como macho e fêmea. A energia dominante de Adão era masculina, mas sua essência continha um lado feminino. Minha energia dominante, por outro lado, era feminina, mas minha essência continha um lado masculino. Sei que parece estranho, mas lembre-se de que vivíamos em um reino espiritual, o Primeiro Céu, Tibel-Vilon. Não éramos reduzidos em uma forma física; existíamos como seres de energia e forma astral. O equilíbrio de macho e fêmea que compartilhávamos é o cerne da criação e verdadeiro em todas as coisas físicas e espirituais.

Tenho relances, na memória, de como fui feita. Deus/Mãe, manifestado como luz branca, falando à minha mente, contando-me os mistérios do universo e da criação. Tenho uma vaga lembrança de perguntar algo, mas não sei o que era. Não me lembro de muito mais além de uma presença amorosa que me envolvia de luz, e da consciência despertando em minha forma. Como afirmei, essas lembranças são apenas vislumbres e impressões vagas, com pouca substância. O estranho é que, quando perguntei a Adão sobre isso, ele não se recordava de nada. Lembrava-se apenas de acordar no Jardim depois de completo todo o processo. Repetia inúmeras vezes que despertara primeiro; e concluía, por causa disso, que fora criado antes de mim.

Quando digo que não tínhamos corpos físicos, é verdade, mas existíamos no que se aproximava da realidade física dentro do reino astral e espiritual. Adão e eu vivemos no Jardim pelo que devem ter sido eras a fio, embora não tivéssemos o conceito de tempo. Éramos inocentes, sem qualquer ideia de bem ou mal. Nossa vida era simples, habitávamos um paraíso primordial sem carências e com todas as necessidades supridas. Os anjos nos serviam. Deus, nossa Mãe e nosso Pai, morava conosco e tudo parecia o que devia ser. No centro do Éden, que fica no centro do Primeiro Céu, ergue-se uma árvore com rios que fluem em quatro direções a partir de suas raízes. É conhecida como Árvore do Conhecimento do Bem e do Mal. Nosso único mandamento era não comer dessa árvore. Nunca questionamos o que aconteceria se desobedecêssemos e, francamente, nem sequer compreendíamos o dualismo daquilo. Aceitávamos cegamente a proibição de tocá-la e nos mantínhamos longe dela.

O Éden é um verdadeiro paraíso. Todas as espécies animais e vegetais que evoluíram ou ainda evoluirão na Terra viviam lá em harmonia. A beleza do Éden está além da imaginação, algo impossível de descrever. Pense no dia mais lindo, no lugar mais belo que já visitou, sem medo, necessidade ou solidão: assim é o Éden. Comíamos, dormíamos e nos uníamos, não na sexualidade física como muitos retratam, mas em unidade espiritual, combinando nossas essências para nenhum dos dois ficar sozinho. Nem pensávamos nisso, simplesmente era assim. Um dia, Adão sentiu que deveria ser o dominante e assumir o controle em nossas uniões, fossem elas de uma forma ou de outra. Tornei-me cada vez mais infeliz com esse arranjo. A princípio, não compreendia meus sentimentos, mas já não gostava tanto de estar com Adão, como no início. De repente, comecei a perceber que nossa união me proporcionava cada vez menos prazer e, quando terminada, me sentia mais sozinha que antes. Não entendia a ideia de solidão em minha cabeça, mas minha alma doía diante daquele vazio. Por fim, não aguentei mais a dor e resolvi falar.

– Marido, por que você sempre tem de controlar nossa união? – perguntei a Adão, com genuína curiosidade e agonia.

– Porque sou o marido. Sou macho e o primeiro.

– Não é verdade! Fomos criados ao mesmo tempo e do mesmo modo. Nenhum dos dois precisa ser superior ou dominante. Por que não podemos revezar ou nos unificar como iguais?

– Não – foi sua única resposta, antes de se afastar.

Naquele momento, algo em mim mudou. Vejo, em retrospectiva, que minha inocência foi quebrada. Já não vivia na não dualidade. Deixei de estar inconscientemente unificada com Adão, Deus e o Éden e me senti separada e, em muitos sentidos, isolada. Conheci a raiva. A palavra "Não" reverberava em minha mente, um som cada vez mais alto, até se tornar intolerável.

– Como se atreve? – gritei.

Adão se virou, arregalando os olhos, genuinamente surpreso com o que acontecia. Ainda não possuía o conhecimento do bem e do mal, ou uma referência para compreender minha emoção ou minha raiva. Tomei uma decisão. Não podia ficar no Éden nem tolerava o fato de Adão não compartilhar de minha angústia. Queria que ele sentisse dor! Como nunca vira a morte, não percebi naquele instante que queria matar aquele homem à minha frente. Como ele podia me causar tanto sofrimento? Aquilo tinha de parar a qualquer custo e, se soubesse como, eu teria prazerosamente lhe tirado a vida. Enfim, invoquei o nome secreto de Deus. Não me lembrava dele até então, mas me veio uma lembrança repentina de Deus/Mãe sussurrando o nome secreto à minha alma, dizendo-me que saberia quando recorrer a Ele. A onda de emoção libertou essa lembrança do local onde se escondia em minha consciência. Ao pronunciar o nome, comecei a me erguer do chão, levitando lentamente e para longe do Jardim. Adão me olhou por alguns momentos, mas logo se voltou para o que pretendia fazer antes de meu rompante. O gesto só alimentou minha resolução e, furiosa, rumei para o leste, até a terra de Nod.

    Confesso que não havia um plano, um desígnio em minha partida. Só pensava em me afastar ao máximo de Adão. Em minha fúria, queria magoá-lo tanto quanto ele me magoara. Minha única ideia era abandoná-lo para que o homem sentisse a mesma dor no coração. Parecia que tinha uma ferida aberta no peito, que jamais cicatrizaria. Nada sabia acerca da terra de Nod até chegar lá. Nunca saíra do Éden. Mas Nod me atraía como um chamariz e, no fim das contas, resolvi descansar naquele local. Nod é diferente do Éden; é deserto. Sua aparência desoladora refletia meu estado de espírito. Nod significa "exílio", e era mesmo uma terra de exílio, uma casca do Éden existente em um reino de sombras. O solo daquela região estéril era composto de terra marrom seca, partida. Pelo terreno cresciam árvores tortas e arbustos esparsos. Os animais em Nod são todas as criaturas indesejáveis da noite. Serpentes, ratos, morcegos, insetos grotescos e predadores noturnos que caçam no crepúsculo eterno de Nod. Outros seres também habitavam esse lugar de desespero: criaturas das sombras e trevas. Entenda que, onde houver restrição de luz, haverá escuridão; por isso, fora do Reino Supremo de Deus, sempre existe o potencial para a ignorância. Essa é a natureza do livre-arbítrio e o motivo por que essa escuridão é permitida, embora Deus ame Sua criação. Felizmente, para mim, os moradores de Nod viram em mim algo que nem eu tinha visto: meu grande potencial para a luz, mas também para as trevas. Afastavam-se de mim, sabendo que poderia lhes causar mais destruição do que suportariam.

Andei, esbravejei, percorri a região de Nod até encontrar uma caverna e um pouco de mato. Decidi ficar ali e esperar. Já menos irada, comecei a refletir que talvez tivesse cometido um erro. Poderia ter sido mais clara a Adão e talvez ele compreendesse. Mas onde estava Adão? Por que não viera atrás de mim? Não me queria? Sentei-me no solo ressequido e cobri o rosto com as duas mãos, chorando. O desespero era quase impossível de suportar. Sentia-me sem esperança e sozinha. Nunca experimentara o medo antes, mas agora era consumida por ele. Perambulei pela caverna, não arriscando me aprofundar muito, porque a luz escassa não me permitia ver além dos contornos da abertura. Por fim, deitei-me na terra fria e adormeci, sem de fato descansar.

Dali a algum tempo, comecei a sonhar. Os sonhos não eram novidade para mim. Adão e eu sonhávamos quando saíamos da consciência para descansar, mas geralmente eram sonhos de coisas agradáveis, repletos de nossa unidade com Deus. Aquele sonho, porém, era diferente. Não teria uma palavra para descrevê-lo, mas os humanos o chamariam de pesadelo.

Via-me correndo. Não tinha certeza de que fugia, mas a coisa em meu encalço apavorava-me. No começo do sonho, corria no Éden, através da selva e para longe da Árvore do Conhecimento do Bem e do Mal. De repente, porém, me vi em uma terra estranha, que não era o Éden, nem Nod. Cheguei a um local frio, lúgubre, de gelo e neve. Rochas íngremes se projetavam da tundra coberta de neve e tudo parecia completamente infértil. Enquanto corria, vi um ponto mais claro adiante, um pouco diferente da região que acabara de atravessar às pressas. Aproximava-me daquilo, mas não tinha ideia do que era. Nunca vira gelo e, portanto, não tinha ideia de sua natureza, mas meu terror absoluto me impelia a continuar correndo.

Quando deparei o lago congelado, escorreguei pelo gelo e caí de rosto sobre a superfície dura e fria. Ajoelhei-me, apoiada nas mãos, fascinada pelo que via. No gelo, discerni meu reflexo contemplando-me, mas a imagem não era exatamente a minha. Em vez de meus cabelos castanhos e "pele" bronzeada, a superfície límpida embaixo de mim mostrava cabelos pretos como carvão e uma pele clara, quase translúcida. Embora meus olhos sempre tivessem sido verdes, a Lilith no gelo tinha olhos de um verde assustadoramente brilhante, que mais pareciam de um predador do que de uma mulher. Mas, o que me pegou de surpresa mesmo foram as enormes asas pretas que se estendiam de minhas costas, bloqueando o reflexo do céu atrás. A cena me chocou a tal ponto, que desisti de correr do que me perseguia. Até me virei para verificar se tinha asas, das quais nunca me apercebera. Meu reflexo sorriu (a boca era cheia de dentes pontiagudos) e seus braços quebraram o gelo, agarrando-me pelos antebraços e me arrastando para a corrente gelada sob a superfície partida. Acordei aos gritos, ciente da mudança em mim. O reflexo no gelo era uma parte oculta de minha nova natureza.

    Levantei-me e me afastei da caverna, pois não queria ficar perto dela, nem das revelações que me dera. Seriam aquelas imagens sombrias um produto de meu medo, ou havia de fato algo malévolo em mim esperando pela chance de vir à tona? Balancei a cabeça, indisposta a encarar qualquer coisa do gênero. Em meio à desolação de Nod, retomei o foco em meu marido e na minha decepção por ele não me procurar. Mas, de repente, ocorreu-me uma ideia: talvez Adão não soubesse o nome secreto de Deus. Nesse caso, não poderia sair do Éden e vir atrás de mim. Além disso, mesmo que pudesse, saberia onde me encontrar? Talvez estivesse desesperado e sozinho, aguardando meu retorno, desejando se unir comigo novamente. Quase pronunciei o nome secreto de novo para voltar para casa e me encontrar com Adão, mas hesitei. Minha dúvida mudou de "onde está Adão?" para "onde está Yahweh/Elohim?" Por que o Deus Pai/Mãe não vinha me buscar? Não se importava com minha ausência? A raiva começava a despontar mais uma vez. Será que estava completamente sozinha, meus Criadores não se interessavam por meu paradeiro nem, mais importante ainda, como me sentia? Por que me abandonaram?

Tremi, em minha ira. Não seria abandonada. Eles conheceriam minha fúria. E, enquanto maquinava meus próximos passos, vi três luzes aparecerem no céu, vindas do oeste e da direção do Éden. Aproximaram-se e distingui faces mutáveis nos arcos-íris reluzentes de luz e chamas brilhantes. Eram faces de anjos de Deus. Detive-me a olhar, em meio ao remorso e, ao mesmo tempo, alegria. Deus se importava comigo e provavelmente enviara os anjos para se desculparem em nome de Adão e me levarem para casa. A raiva sumiu por completo e me senti esperançosa. Estava recomposta, feliz, observando as luzes cada vez mais perto até se postarem a poucas jardas de mim. Os anjos eram muito mais altos que eu; arcos-íris mutáveis e chamejantes se plasmavam em rostos e corpos. Assumiram uma forma muito parecida com a minha, embora ainda resplandecentes como o brilho do diamante e, no mínimo, o dobro de meu tamanho. Reconheci os três anjos: Senoy, Sansenoy e Semangelof. Apesar de muitos anjos terem aparência semelhante, suas energias e cores dominantes diferem. Já conhecera os três no Éden e pude identificá-los com facilidade.

– Lilith, viemos para levá-la de volta ao Éden – disse Senoy, adiantando-se um passo diante dos outros.

– Yahweh/Elohim os enviou? – perguntei.

– Sim. O Deus Altíssimo ordenou que a encontrássemos.

– E quanto a Adão? Estava preocupado comigo? – indaguei, com esperança e certa dose de ansiedade.

Senoy me olhou com desconfiança. Parecia esperar que eu concordasse sem discutir. Posteriormente, percebi que os anjos não previam minha mudança no período em que me afastei. Não compreendiam que ganhara conhecimento do bem e do mal sem comer da árvore. Secamente, Senoy me respondeu:

– Adão não demonstra que notou sua ausência.

Meu rosto escureceu e, na verdade, meu corpo inteiro enegreceu. Raiva e desespero me dominaram, permeando todo o meu ser. Meu parceiro, meu marido, meu amigo... não se importava comigo.

Para ele, eu era um nada. Sempre teria sido assim? Como ele podia ignorar minha dor? Lágrimas começaram a rolar e meus olhos se encobriram com as sombras da ira. Como poderia voltar para aquele homem que pouco se incomodava comigo? Recusava-me a ser seu inferior, ou pior ainda, algo que nem ocupava seus pensamentos.

Senoy notou a mudança em mim. Pela primeira vez, vi medo no rosto de um anjo. Ele sabia que já não estava diante da humana inocente que conhecera. Tornara-me outra coisa. Rapidamente, o anjo escondeu o temor e seu semblante adquiriu seriedade. Fixou o olhar em mim, como um professor zangado faria com uma criança malcriada. Mas essa atitude me deixou ainda mais atrevida. Cerrei os punhos e meus olhos brilharam com fúria. Esperei o que viria em seguida.

– Yahweh/Elohim exige que você volte para o Éden e se una a seu marido. Foi feita para isso e deverá obedecer.

Meu coração se partiu. Se havia alguma esperança, ela já se fora por completo, e o que ficara me incendiava por dentro, alimentando minha raiva até brilhar com um tom branco incandescente. Tornei-me o próprio fogo encarnado; uma fúria desmedida.

– EXIGE! Yahweh/Elohim EXIGE!! Não voltarei. Meu propósito é muito maior do que ser uma extensão de Adão.

Os três anjos deram um passo atrás, chocados. Nunca esperavam ver um ser humano falar com eles daquele jeito ou desafiando a vontade do Criador. Não acreditavam que nos atreveríamos, mas me atrevi! Pouco me importava com qualquer coisa, exceto meu ódio. Ódio por Adão, por aqueles anjos e até por meu Pai/Mãe. Merecia algo melhor. Merecia ser valorizada, amada. Jamais cederia.

– Lilith, se não vier conosco, temos ordens de destruí-la. Seu propósito não será realizado e você deixará de ter um motivo para existir – disse Semangelof. Parecia muito senhor de si, crente de que me convencera.

Cuspi as próximas palavras:

– Não podem me destruir. Se eu deixar de existir, o mesmo acontecerá com essa criação que seu Deus tanto ama. Adão e eu somos a chave para o propósito de toda essa iniciativa. Sem nós, ela desmorona.

Aquelas afirmações foram uma revelação tanto para os anjos quanto para mim. Era um lampejo de memória, de Deus/Mãe no ato da criação, explicando o propósito a mim e a Adão. Dissera-me que éramos o centro da criação e o sucesso subsequente caberia a nós. Eu não podia ser destruída e recusava-me a ser tratada como menos que nada. Teria minha vingança. As trevas em mim começavam a crescer. Minha luz escureceu e, em vez de brilhar, de repente passei a irradiar uma obscuridade pura, como um céu sem estrelas. À medida que o ódio e a fúria me consumiam, senti minha essência mudar. Meu olho mental viu a cena de horror daquele sonho. Meu corpo se alterou para refletir a odiosidade em meu coração e asas gigantes irromperam de minhas costas, tomando o ar atrás de mim. Não hesitei em me transformar no demônio terrível daquele reflexo. Regozijava-me em minha fúria. Só pensava na vingança, e essa forma nova me ajudaria a obtê-la. Os três anjos perderam toda a compostura; viraram-se e começaram a fugir de mim. Sansenoy até tropeçou e caiu enquanto tentava se afastar. Ri, enquanto um dos anjos se convertia de volta em luz e fogo e ganhava as alturas, rumando para o leste, de volta ao Éden.

Capítulo 2

Depois, da costela que tinha tirado do homem, [Yahweh] modelou uma mulher, e apresentou-a para o homem.

Gênesis, 2:22

Algum tempo depois, minha ira arrefeceu, mas ainda não tinha o menor desejo de voltar à minha forma anterior. O predador que me tornara, com cabelos escuros como um céu sem estrelas, a pele tão leitosa como o luar mais puro, presas afiadas, garras pretas, olhos que enxergavam na escuridão e asas negras enormes, era apropriado para a minha nova natureza. Sentia-me mais sólida e viva do que nunca, desde o momento de minha criação. Habitando Nod em seu eterno crepúsculo, via-me como Lilith, a Senhora da Noite. Jurara me desvencilhar da função de mulher de Adão, mas algo em mim não cedia. Yahweh/Elohim criara-me para ser sua parceira. Talvez finalmente enxergasse nossa equivalência se me visse naquela forma mais terrível; talvez me valorizasse e conseguisse se unir a mim em igualdade.

Com minhas asas, já não precisava pronunciar o nome secreto de Deus para voar. Ergui-me aos céus sob meu próprio poder e rumei para o Éden. A viagem parecia mais longa do que antes, quando fugira, mas tenho certeza de que o motivo era eu estar sobrecarregada de perguntas, em vez de raiva. O que Adão acharia de minha nova forma? Poderia me aceitar? Seria, enfim, valorizada? E Yahweh/

Elohim? Meu "pai e mãe" me amaria e acolheria, em vez de querer me destruir? Detestava admitir, mas me importava com a opinião deles. Estava nervosa quando pousei no Éden, bem a leste de onde Adão e eu vivíamos, não muito distante da Árvore do Conhecimento do Bem e do Mal.

Resolvi não entrar abertamente na clareira, mas observar antes o que Adão fazia; assim, poderia calcular minha chegada e me apresentar a ele. Minhas asas se dobraram sobre as costas e me embrenhei entre as árvores, escondendo-me atrás de uma roseira grande, pronta para espiar o local onde estaria meu marido abandonado. Mas não estava lá. Para onde teria ido? Esperei algum tempo até que voltasse, mas, de repente, ouvi sua voz a distância, um tanto indiscernível, contudo era ele mesmo. Imaginei que talvez o Pai ou a Mãe caminhasse com ele no jardim. Talvez estivesse triste, sentindo-se solitário.

Segui a voz e percebi que Adão devia estar na margem de um dos rios que corria até o Éden. Havia uma área rasa ali onde brincávamos no calor da tarde. Tomei aquela direção. Ao me aproximar ouvi não só a voz de meu marido, mas outra também. As únicas vozes que conhecia até então eram as de Adão, do Pai, da Mãe, dos anjos e a minha. Aquela não parecia nenhuma dessas e possuía uma qualidade que só posso chamar de "humana".

Esgueirei-me até chegar o mais perto possível, e meu queixo caiu. Lá estava Adão, sentado à beira do rio e, na água, uma mulher. Quem era e como chegara ao Éden? Pensava, até então, que meu marido e eu éramos os únicos dois humanos. Após o choque inicial, notei algo estranho. Adão parecia diferente. Era o mesmo homem, mas faltava-lhe algo. Usei todos os sentidos que ganhara após minha transformação e olhei apuradamente para Adão e aquela mulher com quem conversava. Levei algum tempo até perceber que ele e a mulher eram, na verdade, duas partes do mesmo ser. Era sua essência feminina separada de seu corpo físico, munida agora de uma forma própria. Horrorizei-me diante da ideia; ser dividida e separada me parecia um erro. Era como diminuir-se, ficar menor.

Observei-os por algum tempo, e meu horror se transformou em raiva. Fora substituída. Já seria muito ruim ser trocada por outra mulher, mas aquela era o aspecto feminino interior de Adão. Ele recebera exatamente o que queria: uma companheira que pudesse dominar e controlar, uma vez que era apenas um reflexo de sua totalidade. A meu ver, tratava-se de uma distorção da justiça. Descartaram-me para que Adão tivesse tudo o que queria! E quanto ao Deus Pai e ao Deus/Mãe? Um deles devia ter concedido aquela abominação. Adão era egocêntrico e estúpido demais para operar tal magia. Senti-me completamente abandonada.

Em minha fúria, irrompi em meio à folhagem e fui ter com os dois à margem do rio, gritando obscenidades. A mulher gritou. Adão se virou e olhou para mim. Percebi que, a princípio, não me reconheceu, mas, quando a compreensão chegou, os olhos brilharam de desejo. Algo em minha nova forma o atraía, e ele me quis como jamais quisera antes. Fiquei extasiada. Talvez pudesse reconquistar Adão e ser aceita em meu devido lugar ao lado dele. Mas a criaturinha dengosa abriu a boca e choramingou:

– O que é aquilo?

Adão se virou para a mulher, visivelmente preocupado.

– Fique atrás de mim. É algo que não tem a menor relevância para nós. Eu a protegerei dessa coisa.

COISA? Ele tivera a audácia de me chamar de "algo" e "coisa"? Sua mulher e sua igual!

Encarei-o, irada.

– Como diz que "não tem relevância"? Sou sua esposa. Destruirei aquela ordinária e tomarei o que me pertence.

Surpreendi-me com minha fúria e, ao mesmo tempo, meu desejo por Adão. Julgava-me até então apenas abalada por me sentir diminuída, mas algo em mim o amava de verdade e queria estar com ele. Vejo em retrospectiva que esperava encontrar Adão triste por meu desaparecimento, ou que me procurasse para consertarmos nosso relacionamento e nos tornarmos completos novamente.

– Não sei o que você virou, mas não é mais minha mulher – Adão disse, colocando os braços em volta da mulher a quem chamou de Eva. – Foi substituída e não é mais bem-vinda ao Éden.

Não sei o que transpareceu em meu rosto, mas presumo que fosse ira. Por dentro, estava arrasada, com o coração partido e, sabia, completamente abandonada. Sem palavras, ganhei as alturas e retornei ao meu novo lar em Nod, sem olhar uma única vez para trás.

Capítulo 3

Lilith e Samael formam uma união profana.

Zohar, 23b, 55a

SENTI QUE PASSEI uma eternidade alternando entre ódio e desespero, mal saindo de minha caverna no reino de Nod. De vez em quando, via criaturas rastejando rente à abertura, mas nenhuma entrava. Sabia que tinham medo de mim, e por um bom motivo. Em meu estado de espírito, seria capaz de destruir qualquer um ou qualquer coisa que se aproximasse.

Meu sentimento inicial de abominação por Adão ter sido dividido em dois seres para ter sua nova companheira, Eva, logo se transformou em ciúme. Como ele tinha o que queria, enquanto eu ficava sozinha? Por que o Deus Pai/Mãe me deixava sofrer, mas dava a ele, tão indigno, qualquer coisa que desejasse? Invoquei-o para que me arrumasse um companheiro também, mas não obtive resposta. Parecia que o Pai e a Mãe tinham não só me abandonado, mas também me isolado de qualquer comunicação.

Conforme a raiva esmorecia, formava-se um pensamento. Se podia usar o nome secreto para voar do Éden, e se minha ira bastava para alterar minha forma, talvez possuísse magia suficiente para criar um companheiro, em vez de depender da criação de outros.

A princípio, esquivei-me dessa ideia porque temia fracassar. E se não desse certo? Não apenas ficaria sozinha, mas ainda a sensação de fracasso seria maior do que a já existente. Não era amada por um marido a quem minha criação me destinara. Não era amada por minha

Mãe e meu Pai, que me criaram. Por fim, levantei, abri as asas, concentrei-me em minha solidão e pronunciei o nome secreto de Deus como se fosse uma canção. Senti a energia irromper de mim e aguardei. Passaram-se horas e nada aconteceu. Exausta, deitei-me no chão e chorei até adormecer.

Depois de um período de sono sem sonhos, acordei lentamente, sentindo-me melhor, porém diferente. Já não tinha mais a dor emocional, mas havia algo errado. Sentia-me diminuída, embora mais sólida. Sentei-me e, ao me virar, notei uma figura agachada na terra à minha frente. Entendi qual era a diferença em mim: não possuía mais a minha parte masculina. Separado de mim, ele se sentava a não mais que duas jardas de distância.

Olhava-me em silêncio, mas presumi que meu rosto devia lhe mostrar minhas emoções conturbadas de choque, incredulidade e esperança. Aquele homem feito de mim era belo, com a pele da cor do cobre, cabelos brancos como a neve, dois chifres pequenos na cabeça e olhos tão pretos, que não se comparavam a nada conhecido. Era deslumbrante, mas nenhuma emoção transparecia em seu rosto, e permaneceu agachado e imóvel por tanto tempo que fiquei em dúvida quanto a ele estar vivo ou não.

Arrisquei falar:

– Sou Lilith.

– Sei disso – foi sua única resposta.

Pela primeira vez, desde minha transformação, simplesmente não sabia o que fazer. Nem o que dizer. Não querendo parecer fraca, levantei-me e o encarei. Ele se levantou também, mas não fez nenhum outro movimento. Seu rosto permanecia impassível, a postura relaxada, mas fixava os olhos intensos e perscrutadores nos meus.

– Deve ter algumas perguntas – sondei, desconfortável.

– Não.

Balancei a cabeça e saí da caverna, incerta se devia fugir, fingir que nada acontecera, ou invocar Deus e pedir que me perdoasse e levasse embora aquele homem, ou o que quer que ele fosse.

Antes que eu pudesse me decidir, ele estava em pé ao meu lado, embora não o tivesse ouvido se aproximar. Assustou-me, mas novamente fingi não notar. Permanecemos em silêncio por longos momentos, até que, por fim, o homem disse:

– Sou Samael.

Tentei me mostrar desinteressada, mas Samael pôs a mão em meu rosto e disse:

– Você é realmente bela.

Não era uma declaração de amor eterno, mas não ouvia nada parecido há muito tempo. Meu coração começou a degelar e tive a esperança de que tudo ficaria bem, afinal.

Capítulo 4

A mulher respondeu para a serpente: "Nós podemos comer dos frutos das árvores do jardim. Mas do fruto da árvore que está no meio do jardim, Deus disse: 'Não comerão dele, nem o tocarão, do contrário vocês vão morrer'".

Gênesis, 3:2-3

Semanas e meses se passaram e, aos poucos, me sentia satisfeita. Samael, porém, não era exatamente o que eu esperava. Parecia frio e distante quase o tempo todo, mas nunca tentava me controlar. Na verdade, tendia a se harmonizar completamente com todos os meus desejos. Possuía todas as minhas lembranças de quando ainda éramos um e parecia ler meus pensamentos. Frequentemente dizia ou fazia algo antes de me ouvir falar. Uníamo-nos de modos que Adão nunca permitiria. Em pouco tempo, senti que, embora não tivesse encontrado a felicidade, pelo menos talvez naquela situação eu pudesse existir como eu mesma.

Um dia, após uma união excepcionalmente longa, deitamos juntos na caverna e Samael disse:

– Vejo que ainda está magoada pelo que aconteceu com o homem, Adão.

Pensei em dizer *"não, não me importo mais"*, mas sabia que enganar Samael era inútil. Podia mentir para mim mesma, mas não para ele. Enxergaria logo a evasiva.

Limitei-me a assentir com a cabeça e falei:

– Sim.

Envergonhava-me admitir que Adão e sua miserável vagabunda Eva ainda mexiam com minhas emoções.

– E não são só os dois. Você também está muito mortificada pela traição de nossa Mãe e nosso Pai – Samael comentou tranquilamente, sem emoção, embora as palavras me ferissem com uma intensidade inesperada.

Nervosa, levantei-me e comecei a andar pela caverna.

– Que quer que eu diga? Sim, me machuca muito. Você não tem ideia do que é ser indesejada, não amada e jogada fora.

Mas é claro que ele tinha ideia, pois sabia tudo de mim. Afinal, sentira o mesmo quando éramos um. Talvez aquela frieza e passividade viessem da dor que sofrera durante tais experiências. Minha raiva se reacendeu, não só por mim, mas pela tristeza que Samael também devia ter sentido. Cada vez mais zangada, pensei: "Se ao menos pudesse forçá-los a ver o que fizeram!"

Samael disse, suavemente:

– Talvez eu possa.

Conversamos por horas a fio, até bolarmos um plano para causar conflito entre Adão e sua nova esposa. Usaria meu poder para mudar de forma e me infiltrar no jardim. Falaria com a mulher e a faria questionar seu relacionamento, ajudando ambos a enxergar o mal que haviam causado. Também concordamos que, ao ferir o casal humano, daríamos ao Deus/Mãe/Pai uma amostra de nosso sofrimento. Samael me auxiliaria mentalmente; sua mente viajaria dentro de mim até o Éden para não sermos detectados.

Samael me beijou e senti parte de sua essência fluir para mim. Deitou-se no piso da caverna e senti que olhava através de meus olhos agora. Abri as asas e ganhei os ares, com destino ao Éden.

Pousei bem ao leste do jardim e usei o nome secreto de Deus para me transformar em uma serpente.

Rastejei, então, até o jardim, e subi pela Árvore do Conhecimento do Bem e do Mal. Sabia que Adão gostava de visitar o lugar, porque assinalava o centro do Éden. Lá repousei, sentindo a presença de Samael em minha consciência, e esperei.

Logo ouvi vozes, e vi Adão e Eva andando de mãos dadas pela clareira perto da Árvore. Ele se sentou próximo a um dos rios que se encontravam naquele ponto e parecia fascinado com os peixes que por ali nadavam. Eva, porém, começou a caminhar em direção ao meu esconderijo. Quando se aproximou o suficiente, abri a boca para falar, mas nenhum som saía. E de repente, senti que meu corpo era tomado. Embora não tivesse controle sobre minha forma de serpente, compreendi que Samael tinha.

Ele disse à mulher:

– Deus realmente ordenou que não comessem dos frutos de nenhuma árvore do jardim?

Eva respondeu:

– Podemos comer de qualquer árvore no jardim, mas Deus ordenou: "Do fruto da árvore que está no meio do jardim, não comerão. Nem o tocarão, do contrário vocês vão morrer".

Mas Samael retrucou:

– Claro que não vão morrer. Deus sabe que, quando comerem desse fruto, abrirão os olhos e serão como Ele, conhecedores do bem e do mal.

A Árvore do Conhecimento do Bem e do Mal não era uma planta, pois o Éden se localiza em um reino espiritual. O fruto dela era um símbolo da autoconsciência, algo que eu mesma comera muito tempo atrás, embora não o apanhasse da árvore. Sabia que esse fruto não seria bom para Adão, nem para sua mulher, e que Deus não aprovaria. Dentro de minha cabeça, tentei gritar para que Samael parasse, para que Eva se afastasse dali, para que Adão tomasse uma providência. Mas nenhuma palavra passava entre meus lábios, exceto as que Samael desejasse.

Eva estendeu a mão, apanhou a fruta e a provou. Logo depois da primeira mordida, chamou Adão e lhe ofereceu a mesma fruta, que ele comeu. Imediatamente vi a diferença nos dois. Seus olhos se abriram e eles descobriram o que eu já conhecia. Viram a dualidade, a separação, e conheceram o medo.

Capítulo 5

Depois o Senhor Deus [Yahweh/Elohim] disse: "O homem se tornou como um de nós, conhecedor do bem e do mal. Que ele, agora, não estenda a mão e colha também da árvore da vida, e coma, e viva para sempre". Então o Senhor Deus [Yahweh/Elohim] expulsou o homem do jardim do Éden para cultivar o solo de onde fora tirado.

Gênesis 3:22-23

Terminado o ato, Samael largou o controle de meu corpo e saiu de minha mente. Quis esbofeteá-lo, ou no mínimo, repreendê-lo. Não pude, pois ele voltara a Nod, deixando-me sozinha para assistir àquele horror.

Adão e Eva permaneceram ali, imóveis, por alguns momentos, com os olhos arregalados em absoluto terror. A compreensão do que haviam feito foi muito rápida, sem contexto, deixando-os arrasados. Vi-os, então, correndo em desespero, tentando fugir do tormento das emoções que os afligiam, mas não tinham para onde ir. Cada vez mais consciente, Adão começou a arrancar folhas da Árvore do Conhecimento do Bem e do Mal na tentativa de encobrir a própria alma, de repente exposta. Quando viu o que o companheiro fazia, Eva tentou imitá-lo.

E, de repente, todos ouvimos o som de Yahweh entrando no jardim. Um som como de vento, trovão e terra a tremer, todos em um. Adão e Eva se recolheram para trás dos arbustos, tentando se esconder. Quanto a mim, sabia que era impossível fugir do que ocorrera; por isso, permaneci imóvel ainda na forma de serpente, esperando não ser notada. Yahweh apareceu à nossa frente e sua voz estrondou ao chamá-los:

– Onde estão?

Adão respondeu:

– Ouvi-o no jardim e fiquei com medo, porque estava nu. Então, me escondi.

Yahweh disse:

– Quem lhe disse que estava nu? Você comeu da árvore da qual mandei se distanciar?

Era óbvio que Yahweh já sabia a resposta, mas compreendi que queria ouvir o que os dois tinham a dizer.

Adão disse:

– A mulher que pôs aqui comigo me deu uma fruta da árvore, e a comi.

Yahweh se voltou para Eva:

– O que você fez?

Eva respondeu:

– A serpente me enganou e comi a fruta.

Yahweh olhou em minha direção e percebi que não só sabia onde eu estava, mas também exatamente quem era. Estremeci de medo. Meu poder não significava nada, comparado com o do Deus Pai.

Yahweh me disse:

– Por ter feito isso, maldita será dentre todos os animais domésticos e selvagens! Rastejará e comerá poeira por todos os dias de sua vida. E criarei inimizade entre você e a mulher, e entre seus filhos e os dela. O homem esmagará sua cabeça e você morderá o calcanhar do homem.

Novamente se dirigindo a Eva, ele disse:

– Farei com que tenha fortes dores no parto, e só com muita agonia dará à luz seus filhos. Obedecerá a seu marido, e ele mandará em você.

A Adão, ele disse:

– Porque deu ouvidos à sua mulher e comeu a fruta da árvore proibida, mesmo após eu ter ordenado "não comerão dela", amaldiçoado será o solo por sua causa. Terá de trabalhá-lo, e seu sustento virá do suor de seu trabalho, todos os dias de sua vida. Encontrará espinhos e comerá as plantas do campo. Do pó vocês vieram e ao pó voltarão.

Ouvimos, então, Deus/Mãe entrar no jardim, como uma chuva leve e o delicado farfalhar das folhas. O ar se encheu com o aroma de rosas e, em um clarão, ela apareceu.

Yahweh disse a Elohim:

– Veja, o homem e a mulher se tornaram como nós, conhecedores do bem e do mal. Antes que provem também da Árvore da Vida, precisamos expulsá-los deste lugar e mandá-los para o mundo mortal.

Gentil, Elohim concordou e disse:

– Tudo ficará bem, meus filhos. Vão e se multipliquem.

Com um relâmpago e o som estrondoso de uma explosão, Adão e Eva desapareceram. Posteriormente, descobri que tinham sido dotados de carne e enviados a Malkut, o reino físico, para viver uma existência mortal.

Elohim se dirigiu a mim e disse:

– Minha filha, sei que não compreende, mas vá agora e faça o que deve fazer.

Com outro relâmpago e trovão, vi-me fora do Éden e no reino mortal.

Capítulo 6

Ele expulsou o homem e colocou diante do jardim do Éden os querubins e a espada flamejante, para guardar o caminho da Árvore da Vida.

Gênesis 3:24

Estava na Terra, no reino mortal. Olhei ao redor, a fim de encontrar algum caminho de volta ao Éden ou mesmo a Nod, mas o que vi me arrepiou. Havia uma espécie de portão, com um anjo dos querubins vigiando. Ele portava uma espada flamejante com energia espiritual cintilando de um lado a outro, bloqueando a entrada para os outros reinos. Não havia como voltar. Aquele local de poeira era meu novo lar.

Descobri, depois, que Adão e Eva foram dotados de carne, como os demais seres deste mundo, mas não sabia disso quando fui exilada. Não tinha carne, pois ainda era feita de espírito. Dali a algum tempo, descobri que podia assumir uma forma semelhante à humana e passar por mortal; era capaz também de fazer meu corpo astral aparecer em qualquer forma desejada.

Ao chegar, notei que Samael não estava comigo; por isso, presumi que tivesse ficado em Nod, onde o deixara. Era um alívio. Depois do que fizera, possuindo meu corpo e me obrigando a enganar o homem e sua esposa, não suportaria ficar perto dele. Parecia que se importava comigo, mas era apenas outro homem tentando me controlar. Sim, quis que Adão e Eva sofressem, mas não daquele jeito. Eles experimentavam, agora, a separação plena, e isso era algo que eu não desejava a ninguém. Pior ainda, Samael atraíra a fúria de Yahweh sobre todos nós, o que era imperdoável. Tinha mais raiva de Samael do que de Adão, pois me sentia mais traída que antes. Afinal, Samael fora parte de mim. Como pudera me usar contra minha vontade e achar que estava certo? No fundo, porém, meu ódio por ele se misturava com ódio por mim mesma. Samael era uma parte sombria de mim que nada sentia, além de ira e autojustificativa. Se não tivesse me separado dele em meu desespero por companhia, talvez o destino de cada um de nós fosse diferente.

E, assim, caminhei pelo mundo dos homens. Ao contrário do que vocês já ouviram, Adão e Eva não eram os únicos humanos na Terra. Havia algo diferente neles. Suas almas eram as primeiras verdadeiramente humanas capazes de realizar seu potencial pleno, mas não estavam sozinhos. Vi muitos lugares impressionantes, conheci diversas pessoas e experimentei disto e daquilo enquanto vagava pelo mundo. Sentia-me como em uma missão, embora não soubesse qual. Alguma coisa me impelia a ir adiante.

Quando queria descansar, desligando-me da consciência, sonhava frequentemente com minha criação. Elohim flutuava sobre mim e eu ouvia sua voz falar:

– Sabe o que significará isso?

Em resposta, ouvia a mim mesma dizer:

– Sim.

Daquele ponto em diante, tudo escurecia. Toda vez que acordava, esquecia-me do que deveria saber ou por que dissera "sim". Nem sequer tinha certeza se o sonho representava uma lembrança ou era apenas um truque da imaginação.

Depois de vários dias perambulando por boa parte da Terra, cheguei à Africa. Lá, tudo mudou.

Capítulo 7

Caim disse a seu irmão Abel: "Vamos sair". E quando estavam no campo, Caim se lançou contra o seu irmão Abel e o matou.

Gênesis, 4:8

Minhas incursões me levaram ao local que vocês hoje chamam de sudeste da África. Cheguei a um acampamento, onde vi dois homens jovens, de pele escura. Um lavrava e cultivava a terra, enquanto o outro cuidava dos animais. Aproximei-me, assumi forma física e me fiz parecer uma mulher humana. Por algum motivo, aqueles homens me intrigavam, e julguei que talvez fossem parte de minha missão. Para ser sincera, não tinha ideia do que procurava, mas algum impulso me fazia buscar algo.

Quando caminhei até perto da casa, o homem que cuidava dos animais me viu e se aproximou.

– Saudações, meu nome é Abel. Bem-vinda à nossa casa. Minha mãe e meu pai desejarão cumprimentá-la e oferecer-lhe algo.

Naquela época da história humana, dar as boas-vindas e oferecer hospitalidade eram atitudes profundamente importantes. Viajar não era fácil, e poucas pessoas habitavam a Terra. Portanto, um visitante tinha grande relevância, sendo tratado com muito respeito.

– Saudações, Abel – respondi. – Sou Na'amah. Obrigada pelo acolhimento. Adoraria conhecer seus pais.

Escolhi o nome Na'amah, que significa "agradável", porque já o usara anteriormente. Um nome que não atraía muita atenção e era fácil de aceitar.

Abel me conduziu para o interior da casa e chamou:
– Mãe, pai, temos visita. Seu nome é Na'amah.

O homem e a mulher que se levantaram para me cumprimentar tinham uma expressão de espanto no rosto. Sei que era por causa do choque que demonstrei quando os vi. Não pude mascarar minhas emoções com a prontidão necessária.

Ali, à minha frente, apesar de muito mudados desde os tempos do Éden, estavam Adão e Eva. Suas almas brilhavam para mim e os reconheci imediatamente.

Recompus-me em um instante e disse:
– Desculpem-me pela surpresa, mas é que vocês se parecem muito com um casal que conheci.

Felizmente, havia escolhido uma aparência física que em nada lembrava as formas que os dois conheciam no Éden. Sendo humanos, não podiam detectar minha identidade real.

– Seja bem-vinda. Por favor, sente-se – Adão pediu, acompanhando-me até a área onde colocariam a comida.

Eva mandou Abel chamar a esposa e a cunhada para buscarem comida e bebida.

Sentamo-nos por muito tempo, conversando. Perguntei-lhes sobre a vida e os filhos. Perguntaram-me de onde viera e por que viajava. Inventei uma história sobre ter vindo de uma terra distante, à procura de um parente, balela fácil de contar e difícil de desmentir.

Apesar de me sentir culpada pelo destino deles, guardava cautela. Adão abandonara-me e Eva me vira como uma abominação. Percebi que a vida da família era difícil, todos penavam muito, embora só falassem de bênçãos. Notei também a sombra da dor que carregavam por causa da separação imposta quando foram expulsos do Éden. Conflitavam em mim a amargura e a pena.

Pouco tempo depois, ouvi alguém entrar. Eva, então, disse:
– Caim, venha conhecer nossa nova amiga, Na'amah.

Caim se aproximou, mas não se esforçou para me cumprimentar. Era muito bonito; entretanto, havia algo sombrio nele. Sentou-se e ficou observando enquanto conversávamos. De vez em quando, meus olhos se dirigiam para ele, tentando entender o que me parecia tão familiar e, ao mesmo tempo, assustador naquele homem. Tomava o cuidado de não olhar fixamente nem atrair a atenção. Não sabia o que me deixava preocupada, mas havia algo estranho em Caim.

Quando a noite caiu, Eva me perguntou se gostaria de dormir ali para recuperar as forças até recomeçar minha jornada. Não estava nos meus planos, mas queria muito desvendar o mistério de Caim. Aceitei o convite. Como não tinha a mesma necessidade de sono dos humanos, fingi dormir e saí de minha forma física. Movi-me silenciosamente pela casa e me aproximei de Caim e de sua mulher, ambos adormecidos. Toquei-o com minha mão etérea, usando meus sentidos espirituais para perscrutar aquele homem que, por algum motivo desconhecido, me perturbava tanto. Afastei-me como que queimada por carvão incandescente. De certa forma, foi isso mesmo. O que senti ao tocar Caim foi a presença de Samael. Caim era, sem que eu soubesse, como seu filho.

Voltei para o lugar onde fingia dormir e retomei minha forma física. Como Samael gerara aquele rapaz? Como chegara àquele lugar? Julgava que estivesse tão longe de mim quanto a terra de Nod, onde o deixara, e em todos aqueles anos não encontrara o menor indício de que ele tivesse vagado pela Terra. Minha consciência não descansou nem um pouco naquela noite, pois me mantive vigilante, caso Samael estivesse por perto.

Quando a família acordou no dia seguinte, juntei-me às mulheres para preparar a comida. Ao me perguntarem se ansiava por retomar minha jornada, respondi:

– Ainda não.

Perguntei, em seguida, se podia ficar mais um pouco com eles. Aleguei fadiga, mas disse que ajudaria as mulheres com as tarefas de cozinhar e costurar para pagar pela estada. Todos concordaram prontamente.

Tinha já morado com eles por vários dias, quando, certa tarde, ouvimos gritos fora da casa. Todos corremos para ver o que acontecia e nos deparamos com Caim e Abel em uma discussão acalorada. Na verdade, só Caim parecia inflamado de raiva, enquanto Abel demonstrava confusão. A briga devia ter algo a ver com suas oferendas a Deus, pois Caim se sentia lesado. Enquanto Adão tentava acalmar os dois jovens, Abel se virou, afastando-se. Caim apanhou uma rocha grande e golpeou a cabeça de seu irmão com tanta força que lhe esmagou o crânio. O sangue jorrou por toda parte, cobrindo os braços de Caim. As mulheres gritaram e Adão caiu de joelhos, aos prantos. Quanto a mim, mal podia crer em meus olhos.

Capítulo 8

Caim disse a Yahweh: "Minha culpa é grave e me atormenta. Se hoje me expulsas do solo fértil, terei de me esconder de ti, andando errante e perdido pelo mundo; o primeiro que me encontrar, me matará".

Gênesis, 4:13-14

Percebi que aquela tragédia atrairia uma atenção da qual não desejava fazer parte; assim, em meio à confusão, saí de cena e retornei à minha forma espiritual. Escondi-me a certa distância e observei.

A família inteira gritava e chorava, caindo ao chão em desespero completo. Todos, exceto Caim. Parado ali, parecia indiferente ao que tinha feito. O corpo de Abel estava estirado no chão, com sangue escorrendo do crânio pela terra. Caim simplesmente olhava para o corpo inerte do irmão como se fosse apenas um inseto morto, sem remorso.

De repente, a terra estremeceu e, apesar do céu claro, ouvimos trovões. Tremi, temendo ser acusada do crime. Ao mesmo tempo, lutava contra um desespero opressivo, sabendo que a família não merecia aquele desastre.

Um corte se fez no ar e uma presença surgiu. Yahweh chegara para julgar Caim por seu ato. Apesar de eu também ser um espírito poderoso, minha mente não foi capaz de compreender o que vi ao vislumbrar Yahweh.

Fogo, luz e cores giravam violentamente, mas não havia um único indício visual de uma forma antropomórfica. Mesmo assim, não tive dúvidas de que estava na presença de uma consciência feroz que inspirava espanto. Imagino que os humanos de carne e osso sentiam esse impacto de uma forma ainda mais intensa.

Yahweh perguntou a Caim:

– Onde está seu irmão, Abel?

– Não sei – ele respondeu. – Por acaso sou o guardião de meu irmão?

Abel estava estirado aos pés de Caim, claro; portanto, a resposta era ao mesmo tempo ridícula e assustadora.

Yahweh disse:

– O que você fez? Ouço o sangue de seu irmão clamar por mim. A partir de agora, você será amaldiçoado e expulso dessa terra que abriu a boca para receber o sangue de seu irmão, que jorrou por suas mãos. Ainda que cultive o solo, ele não lhe dará mais de seu produto. Você andará errante e perdido pelo mundo.

Caim retrucou:

– Minha culpa é grave e me atormenta. Se hoje me expulsas do solo fértil, terei de me esconder de ti, andando errante e perdido pelo mundo; o primeiro que me encontrar, me matará.

Mas Yahweh disse a ele e à família:

– Não. Quem matar Caim será vingado sete vezes.

Um clarão emanou da presença de Yahweh e um sinal foi posto em Caim para que ele não fosse morto por quem o encontrasse. Yahweh desapareceu em meio a um relâmpago e trovões, deixando Adão e sua família sozinhos para lidar com a sequela da tragédia.

Enquanto a família chorava e pranteava, Caim apanhou seus poucos pertences e saiu do único lar que tivera, pronto para vagar pelo mundo para sempre. Após um período de luto, as esposas de Caim e Abel foram embora, voltando às suas famílias de origem. A dor de sua permanência ali seria insuportável. Continuei observando Adão e Eva sem que me notassem, vendo-os se afastarem um do outro cada vez mais, até pararem de conversar. A separação se tornara completa; não só estavam isolados do Éden e de Yahweh/Elohim, mas também de seus filhos e um do outro. Viraram sombras do que tinham sido.

Capítulo 9

Lilith se achegava e copulava com ele, e gerava filhos.

Zohar 3:76b

Não reassumi uma forma física, pois queria continuar escondida. Mal podia olhar para Adão e Eva depois do ocorrido. Sim, odiava-os, mas ninguém merecia sofrer daquela maneira. Senti a raiva crescer dentro de mim. Como Yahweh/Elohim podiam permitir tal coisa? Não eram oniscientes, onipresentes e todo-poderosos? Que déspotas eram a Mãe e o Pai, a ponto de nada fazer? Embora estivesse furiosa com Yahweh, tinha uma mágoa ainda maior de Elohim, pois ela nem se dera ao trabalho de aparecer e consolar seus filhos. Na verdade, percebi que não odiava mais Adão e Eva; aliás, solidarizava-me muito com eles. Quis machucá-los, é verdade, mas aquilo era demais.

Depois de alguns dias observando o casal, senti uma presença se aproximar. Reconheci-o logo que entrou em meu campo de visão. À minha frente se posicionava Samael, em forma espiritual, mas praticamente com a mesma aparência desde a última vez que o vira, na terra de Nod.

Constatei que não mais o temia. Na verdade, fervia com uma raiva que me tomava por completo. Gritei com ele:

– Viu o que fez na vida dessas pessoas por causa de sua indiferença impensada?

Ele me olhou sem a menor emoção e disse:
– Como assim?
Dirigi a Samael o olhar mais fulminante possível, esperando causar alguma reação. Esbravejei:
– Gerou Caim, que acabou matando o irmão e destruindo a família!
– Ah, isso – foi a única réplica.
Balancei a cabeça, subitamente sem palavras.
Com um meio sorriso, ele disse:
– Foi tão fácil... Simplesmente assumi a forma de Adão e aquela vagabunda Eva me deixou fazer o que quis com ela. Provavelmente foi a melhor relação que já teve. – Mas ele tinha mais a dizer: – Será que você enfraqueceu tanto a ponto de não perceber que era exatamente o que desejava? Eles estão arrasados. Yahweh/Elohim perdeu seus preciosos filhos para o sofrimento. Fiz tudo isso por você.
– Por mim? Nunca quis ISSO! Como se atreve a me culpar por essa catástrofe?
– Quando nos separou em dois seres, seu maior desejo era fazer o homem e a mulher pagarem, causando tanta dor a Yahweh/Elohim quanto fosse possível. Sou a realização desse desejo.

Caí ao chão e chorei. Era minha culpa, tudo minha culpa. Fora tão egoísta e ansiosa por um companheiro que, no desespero, criara aquele monstro. Como poderia pagar por meu erro?

Devastada, esqueci-me totalmente da presença de Samael. Tudo se apagara à minha volta e fiquei consumida pelo horror de minha existência. Mal o ouvi dizer:

– Quando terminar com os faniquitos e entender que era isso que queria, estarei à espera. Irei ver meu filho. Pelo menos ele sabia o que queria e estava disposto a agir.

E com essas palavras, Samael se foi.

Não sei quanto tempo permaneci lá, desesperada; mas, por fim, me recompus. Sabia que precisava tomar alguma providência. Yahweh/Elohin certamente não me ajudariam. Yahweh só apareceu para dar seu julgamento e Elohim nem foi vista. Retornei à forma espiritual e fui à residência de Adão e Eva. Os dois estavam em casa, praticamente incapazes de fazer qualquer coisa, cada um para um lado. Parecia que cuidavam apenas do mínimo para a sobrevivência. Aproximei-me de Adão primeiro e esperei anoitecer. Enquanto ele dormia, deitei-me ao seu lado e assumi a forma sólida de Na'amah. Usei meus poderes para deixá-lo apenas meio lúcido e não se assustar com a presença de uma mulher em sua cama. Deitada, consolei-o por várias horas. Em determinado momento, minha presença começou a excitar Adão sexualmente. Quis me tocar e não pude negar-lhe aquele prazer. Copulamos.

Terminado o ato, reassumi minha forma espiritual, deixando Adão descansar. Voltei ao meu posto de observação, permitindo que minha consciência se apagasse para poder descansar também. Sonhei de novo com minha criação e Elohim flutuando acima de mim, dizendo-me algo. Não me lembrava do quê. Meus sonhos mudaram e vi muitas mulheres, todas semelhantes a mim em aparência e energia. Acomodavam-se à minha volta como em busca de proteção na minha presença. Quando tentei compreender aquilo, senti que cada uma continha um pouco de minha raiva pelo tratamento recebido no Éden, da fúria por Yahweh/Elohim aparentemente abandonarem todas nós e da vergonha por criar um monstro como Samael.

Quando acordei, vi dezenas de mulheres-espírito ao meu redor. Chocada, compreendi, apesar do espanto, que eram minhas filhas. Minha cópula com Adão por desejo, raiva e vergonha criou cópias de mim, todas prontas para sair pelo mundo e cumprir minha vontade. Passei algum tempo com minhas filhas, dizendo-lhes que deviam ser corajosas, caçar quaisquer seres que ferissem os outros ou causassem dor, principalmente aqueles que oprimiam os renegados e solitários. Disse às minhas filhas que fizessem valer a justiça.

Essas crianças eram as minhas Lilin, pedaços de minha alma fortalecida pela semente criativa de Adão. As Lilin se tornaram conhecidas por muitos nomes. Apareciam como demônios e súcubos a qualquer um que cruzasse seus caminhos, mas aqueles que sofriam e precisavam de proteção as viam como salvadoras. Posteriormente, os budistas as chamariam de Dakini, os hindus de Naga e os praticantes da Quimbanda do Brasil de Pombagira. Algumas de minhas filhas fizeram um grande bem, enquanto outras se voltaram para as trevas e se tornaram realmente os demônios, como os homens as chamavam. Mas, independentemente do que faziam, mudaram a face da Terra.

Capítulo 10

Adão se uniu à sua mulher; ela deu então à luz um filho, e lhe deu o nome de Set, dizendo: "Deus me concedeu outro descendente no lugar de Abel, que Caim matou".

Gênesis 4:25

e

Por isso, uma centena de [Lilin] morre a cada dia.

Alfabeto de Ben-Sirá 78

Depois de vários meses consolando Adão e dando à luz mais filhas, percebi que não o desejava mais. Outrora, a única coisa que me importava era o amor daquele homem, mas, de repente, só queria que ele se recuperasse da dor e me libertasse da culpa de lançar Samael contra ele e sua família.

Comecei a aparecer como Eva e, em vez de me deitar com Adão, apenas conversava com ele. Dizia-lhe que o amava e que ele precisaria retomar sua vida. Também passei a visitar Eva, a princípio em minha forma espiritual, mas lhe sussurrando no ouvido que ela era poderosa e amada. Dizia-lhe coisas que gostaria de ter ouvido; palavras para consolá-la e fortalecê-la como mulher. Por fim, apareci como Adão a Eva e lhe disse que a amava e que ela precisaria retomar a vida. A princípio, minha intervenção teve pouco efeito, mas, aos poucos, comecei a ver uma mudança em ambos. Começaram a se alimentar melhor e cuidar de outras necessidades físicas.

Quando a vida parecia retornar aos olhos dos dois, voltei à minha forma espiritual para observar. Era gratificante ver Adão e Eva cuidando da casa, do jardim e de si mesmos. Constatei que tudo melhoraria quando vi, por fim, marido e mulher conversando e demonstrando afeto um para o outro. Na última noite em que observei os dois, dormiram juntos e percebi imediatamente que Eva estava grávida. Não sabia disso na época, mas Eva daria ao filho o nome de Set, que significa "ungido" ou "compensação". Set se tornaria um bom homem, porque fora gerado a partir do amor e de uma união verdadeira entre os pais.

Alcei voo e segui a direção tomada por Caim quando saiu da casa dos pais. A princípio, não tinha certeza para onde ia, mas esperava encontrar Caim e Samael, para tentar desfazer quaisquer atrocidades que tivessem cometido. Em minhas viagens, passei por diversos povoados, alguns repletos de pessoas boas e outros cheios de indivíduos ímpios e corruptos. Sempre que possível, ajudava os necessitados. Quando deparava com o mal, principalmente pessoas ferindo outras que não podiam se defender, lançava sobre elas uma ira tão severa quanto a de Yahweh. Os opressores eram, na maioria, homens, e minha fúria contra Yahweh e Samael trazia uma punição dura àqueles que causavam infortúnios. Aproximava-me deles em sonho e os atormentava com desejos sexuais perversos, dores e, em muitos casos, morte.

Fui juíza, jurada e às vezes carrasca. Não sentia remorso em ferir aqueles que não tinham compaixão pelos fracos e indefesos. Em algumas ocasiões, vi mulheres que maltratavam ou negligenciavam seus filhos. Não suportava observar o sofrimento daqueles inocentes; por isso, tirava-os das mães e os dava a uma mulher infértil que queria muito cuidar de uma criança. No lugar das crianças, eu deixava uma imagem horrível de morte e podridão a fim de apavorar as mães negligentes. Com o passar do tempo, alguns que permiti viver souberam de meu nome e me tornei, então, a sedutora, o demônio feminino, a matadora de crianças. Pouco me importava com os nomes que me dessem, desde que os causadores de sofrimento pagassem por suas transgressões.

Às vezes encontrava minhas filhas no mundo, fazendo o mesmo trabalho que me comprometi a realizar: salvar os inocentes, destruir os cruéis e vingar os perseguidos. Elas não eram capazes de procriar como a mãe, mas, sempre que assumia forma física e me deitava com um homem, eu produzia mais filhas para aumentar o contingente das Lilin.

Após algum tempo de jornada, comecei a sentir a presença de Samael a distância. Fiz uma mudança de curso e rumei para onde estava ele e, possivelmente, Caim. De repente, alguma coisa surgiu à minha frente e bloqueou o caminho. Parecia uma barreira invisível, mas, quando tentei dar a volta, notei que estava encurralada. Não podia voar para nenhuma direção. Três formas apareceram diante de mim, do lado de fora do muro invisível que me cercava. Senoy, Sansenoy e Semangelof, os anjos que haviam me ameaçado de destruição quando vivia em Nod, aos poucos se materializaram. Pareciam pouco à vontade quando fixei neles meu olhar de ódio, imaginando-os em chamas e virando cinzas.

– Vejo que ainda me temem. Precisam de uma barreira para podermos conversar – pronunciei tais palavras com tanto veneno que Sansenoy estremeceu. Dava-me prazer notar que os anjos de Yahweh/Elohim tinham tanto medo de mim. Não deixei minha falta de conhecimento transparecer, mas queria muito saber o que exatamente os assustava, o que eu podia lhes causar se quisesse.

Senoy arriscou:
– Yahweh nos instruiu a procurá-la e mandar que pare de gerar suas crias a partir da cópula com homens.

Olhei para ele com as pálpebras semicerradas e falei entre os dentes:
– Ou?
Semangelof disse:
– Ou o quê?

– Exatamente, anjo. Ou o quê? Sabe que não podem me destruir. Diabos, nem aguentam olhar para meu rosto sem uma proteção. O que farão se eu não concordar?

Os três me dirigiram olhares de espanto e Semangelof respondeu:

– Seremos obrigados a destruir suas filhas.

A princípio, limitei-me a encará-lo, sem saber o que dizer. Sabia que não podiam me destruir, mas acreditei quando me falaram que tinham o poder de eliminar minhas filhas. Odiei muito Yahweh por mandar aqueles palhaços me ameaçarem novamente, mas achei melhor não expressar o sentimento. Acalmando-me, tive uma ideia.

– Proponho um acordo.

– Não temos liberdade para negociar com você, bruxa – retrucou Semangelof, que parecia o porta-voz dos três.

– Ora, pare com isso, anjo! Seu chefe não ficará irritado se não fizermos um acordo? Sabe que estragos posso causar se me ofender com suas ameaças.

Ele pareceu indeciso, mas disse:

– O que propõe?

– Deixo-os destruir qualquer uma de minhas filhas que prejudique os inocentes dentre a humanidade. Essas podem ser eliminadas, e concordarei em não me deitar com nenhum humano que tenha um dos nomes de vocês três em algo que esteja vestindo ou em algum lugar de sua casa. – Apressadamente, acrescentei: – E peço que um anjo guarde Adão e sua família para que Samael não os moleste mais. Estamos entendidos?

Pasmados, os anjos se entreolharam. Percebi que não tinham certeza e estavam dispostos a me deixar atrás daquela barreira até conferenciarem com Deus. Por isso, insisti:

– Vamos, rapazes. Não tenho o dia todo. Se não aceitarem meu plano, saio desta gaiola e mato tudo o que encontrar pelo caminho. Exceto um ou dois, talvez, aos quais darei seus nomes como a causa da matança.

Não tinha intenção de fazer aquilo, mas sabia que minha ameaça alcançaria os resultados desejados.

Semangelof replicou:

– Concordamos.

Os três anjos desapareceram, levando consigo a gaiola. Levantei voo novamente e prossegui na jornada para encontrar Samael e Caim. Minha proposta não fora das mais interessantes, mas teria um propósito e me livraria dos anjos enquanto me acertava com minha outra metade.

Capítulo 11

Caim se uniu à sua mulher, que concebeu e deu à luz Henoc (Enoch). Caim construiu uma cidade, e deu à cidade o nome de seu filho Henoc.

Gênesis 4:17

FINALMENTE CHEGUEI a um povoado onde senti a assinatura energética de Samael. Pousei e assumi forma humana a certa distância de uma casa pequena. Em pé, diante da porta, estava Caim. Antes de caminhar até ele em um gesto de cumprimento, o ar cintilou e Samael apareceu à minha frente. Surpreendi-me por ser pega desprevenida, mas não deixei transparecer essa emoção. Deliberadamente, deixei-me tomar pela raiva que nutria por ele para que não lesse todos os meus segredos.

– Então, me encontrou. Percebeu, enfim, que eu tinha razão e veio para reatarmos nossos laços?

– Cale a boca, Samael. Nós dois sabemos que você pode ler minha mente e sabe que não vim por isso.

Caim adiantou-se, colocando-se atrás do pai.

– Meu pai, Samael, me disse que você tentaria nos separar com suas mentiras. Como ousa aparecer aqui depois de destruir meus pais?

– Caim, meu filho, deixe-me cuidar disso. Vá para dentro.

Caim recuou, embora não entrasse na casa. Permaneceu nas sombras, observando.

— Achei que viria antes — Samael disse, com uma voz suave.

— Teria vindo, mas andei consertando seus estragos. A propósito, Adão e Eva estão bem. Ajudei-os a se reconciliar e eles têm outro filho, chamado Set.

Samael me olhou com o primeiro indício de emoção que já vira em seu rosto. Parecia realmente pasmo por eu ter ajudado Adão e Eva, ainda mais em sua reconciliação. Caim deu um passo à frente, mostrando-se sob a luz do Sol com uma expressão de dúvida.

Samael sibilou:

— Bem, creio que terei de lidar com eles de novo.

Vi a perplexidade de Caim se transformar em choque e raiva. Lancei o olhar, então, por cima do ombro de Samael, para ele.

— Seu pai, o rei das mentiras, lhe contou que provocou em você a raiva contra seu irmão? Contou-lhe que distorceu sua mente e o pressionou para assassinar um irmão que, na verdade, você amava? — E com a voz mais suave, continuei: — Entende agora por que esses eventos pareceram ocorrer fora de você, como em um sonho? Não era dono da própria cabeça quando agiu. Samael o forçou para que, ao cometer o crime, magoasse seus pais e Yahweh/Elohim em meu nome.

Caim deu mais um passo adiante, com lágrimas no rosto.

— Pai. O que você fez?

Samael olhou de soslaio para Caim e afirmou:

— Tudo que você fez foi porque quis. Apenas o ajudei a ter a fibra de cumprir o desejo de seu coração. Vocês dois são tão fracos, que precisam de um empurrão para realizar os próprios desejos.

— Não, Samael, nem eu nem ele queríamos o que você causou. Usou nosso medo e nossa raiva contra nós, e fez o que quis.

Caim, arrasado, disse em voz baixa:

— Samael, deixe-me em paz.

Pela primeira vez desde que separara Samael de mim, ouvi-o gritar:

— Não pode me ignorar! Fará o que eu mandar! Sou seu pai e o moldarei à minha imagem.

Caim começou a se afastar, e Samael se moveu em direção a ele com a fúria estampada no rosto. Reagi por puro instinto e estendi as mãos para a frente, desejando com toda a minha força impedir Samael de continuar ferindo Caim. Quando gritei "PARE!", uma força escura como a antiluz se manifestou entre minhas mãos. Surgiu como uma bola, um Sol negro em miniatura, mas de repente brotaram dele tentáculos, ondulando de um lado para outro. O primeiro agarrou Samael pelo pulso direito. Quanto mais tentasse se desvencilhar, mais o tentáculo o apertava. Samael sorriu malevolamente e assumiu forma espiritual, mas nem assim o cordão o soltou. Outros se estenderam, enlaçando-o pelas pernas e pelo outro braço. Foi erguido no ar e a energia escura começou a se espalhar por todo o seu corpo.

– Desapareça! – urrei.

A manifestação escura e Samael começaram a se converter em fumaça. Enquanto as ondulações pretas como tinta se dissipavam no ar, ele gritava.

Caim se adiantou e olhou-me com absoluto espanto.

– Para onde foi? – perguntou.

– Não tenho certeza, mas penso que o enviei a um reino inferior de escuridão e fogo. Não o destruí e ele voltará, mas ainda levará algum tempo até que gere energia suficiente para se libertar da prisão.

Entreolhamo-nos por alguns momentos, até que Caim falou, esperançoso:

– Quer dizer que meus pais estão bem mesmo? E tenho outro irmão?

– Sim, Caim. Quando os deixei, ainda lamentavam por sua partida e por Abel, mas começavam a reconstruir a vida.

Mais uma vez seu rosto se encheu de lágrimas, porém de alegria.

Passei vários anos com Caim e viajamos pela Terra em busca de magia e de mistérios para aprender. Não éramos amantes, mas algo mais parecido com uma guardiã e seu filho. Percorremos o mundo adquirindo muito conhecimento. Sabia que Caim não morreria por causa da marca que lhe fora dada por Yahweh, mas ele parecia precisar da máxima munição possível para se proteger do pai, até o fim de seus dias.

Assentamo-nos, por fim, na região hoje chamada de Oriente Médio. Caim nunca teve outra companheira porque as pessoas se assustavam com ele. A marca não era visível aos olhos humanos, mas suas almas sentiam o alerta e se afastavam. Depois de começarmos a construir uma cidade que seria um grande centro de aprendizagem e feitiçaria, muitas pessoas se juntaram a nós. Bruxas, magos, feiticeiros e até alguns seres que não eram exatamente humanos. Um dia, uma feiticeira bonita fixou residência em nossa cidade e se encantou com Caim. Extremamente poderosa em magia e conhecedora de grandes mistérios, Ita não o temia e acabou se apaixonando por ele. Quando notei que aquela mulher realmente amava Caim, encorajei-o a procurar a companhia dela e encontrar a felicidade.

  Quando os deixei, já tinham seu primeiro filho. Deram a ele e à cidade que construímos o nome de Enoch, que significa "dedicado". Senti que era hora de partir porque Caim e Ita estavam felizes, construindo a vida juntos. Precisava seguir meu destino. Não tinha certeza do que me aguardava, mas sabia que tinha um propósito maior. Ainda tinha sonhos com Elohim pairando sobre mim no momento de minha criação. Ela dizia sempre as mesmas palavras, pedindo que escolhesse algo que mudaria minha própria existência. Mas sempre acordava, sabendo que havia mais e teria de procurar a resposta para quem e o que eu era, de fato.

Capítulo 12

Os deuses estavam zangados com a humanidade; por isso, mandaram um dilúvio para destruí-la. O deus Ea alertou Utnapishtim e instruiu-o a construir um barco enorme para salvar a si mesmo e sua família, bem como "a semente de todos os seres viventes".

Epopeia de Gilgamesh

Passei décadas vagando pelo mundo novamente e aprendendo o máximo possível de magia e feitiçaria. Punia aqueles que dominavam os outros e produzia cada vez mais de minhas filhas para substituir as que fossem destruídas pelos anjos. Em algumas regiões, histórias a respeito do meu nome se espalhavam, e algumas pessoas guardavam os nomes dos anjos em talismãs que usavam ou em suas casas. Em casos assim, não podia causar-lhes nenhum dano nem entrar em seus sonhos. Era lastimável, mas valia o preço por deixar que algumas de minhas filhas vivessem. E, claro, por manter a família de Adão e Eva protegida de Samael.

De tempos em tempos, ainda sonhava com minha criação. Em todos os sonhos, via Elohim flutuando acima de mim e me dando a chance de uma escolha. Sempre me perguntava se eu compreendia o significado e minha resposta era sempre "sim", embora nunca me lembrasse do que havia combinado. Em determinado ponto, o sonho se expandia. Tinha lampejos de Elohim tocando minha cabeça e, enquanto sussurrava o nome secreto de

Deus, realizava algum ajuste em minha alma. Algo que não fora feito com Adão. Sentia que aquilo me aproximaria da resposta, mas ainda não me lembrava o suficiente para compreender os detalhes. Esperava que a magia estudada e aprendida acabasse por me revelar o que Elohim alterara.

Às vezes, chamava por Yahweh/Elohim, pois desejava manter alguma relação com meus pais, mas nunca recebia resposta. Não via Adão, Eva, Caim ou mesmo Samael há várias décadas. Sabia que os dois, Caim e Samael, ainda estavam vivos, pois Caim era incapaz de morrer por causa da marca que lhe fora imposta por Yahweh, e Samael era astuto demais para ser pego e destruído. Queria muito saber se conseguira escapar da dimensão inferior para onde o enviara.

Um dia, enquanto viajava em busca de mais conhecimento e experiência do mundo, senti a presença conhecida de três seres atrás de mim. Virei-me e disse:

– Olá, rapazes. Em que posso ajudá-los?

Estava diante dos três anjos, Senoy, Sansenoy e Semangelof. Semangelof respondeu:

– Elohim nos incumbiu de encontrá-la.

Meu coração deu um salto. A Mãe os enviara até mim? Era uma novidade. No passado, sempre seguiam as ordens de Yahweh e geralmente me ameaçavam com alguma forma de destruição. Minha voz fraquejou e meu semblante deve ter se descontraído.

– O que ela quer?

– Mandou-nos lhe dar uma mensagem.

– Qual é? Desembuchem antes que eu precise arrancá-la de vocês.

Foi Senoy que respondeu:

– Elohim pediu para lhe dizer: "Yahweh decidiu destruir a Terra e punir toda a vida pelas transgressões do homem. Lançará uma estrela cadente para colidir com as capotas polares, inundando a maior parte das terras" – ele repetira de cor as palavras dela.

Prendi a respiração, chocada. Achava que os humanos eram a maior criação de Yahweh/Elohim. Mas o susto logo se converteu em raiva. Conhecera muitos desses humanos, e alguns eram bondosos e gentis. Não mereciam tal punição. E os animais certamente não mereciam ser destruídos. Meu rosto devia exibir minha ira, pois os anjos deram um passo atrás.

Semangelof se recuperou primeiro e falou:

– A Mãe disse que você reagiria com raiva. Penso que até desejasse isso, sua indignação contra o decreto. Enviou-nos para lhe pedir que proteja quem puder ser salvo.

Tinha muitas perguntas a fazer, mas comecei com esta:

– Quanto tempo terei?

– Cinco anos humanos.

– Como posso salvar uma raça inteira e todos os animais em cinco anos? E uma pergunta melhor ainda: por que eu?

Senoy pareceu perplexo, mas disse:

– Elohim falou que você é a única que ousaria desafiar o Pai.

Bem, era verdade.

Mandei os anjos dizerem a Elohim que faria o possível, e fui procurar um local para trabalhar com magia. Encontrei um centro energético não muito longe de onde os três me encontraram. Lancei um feitiço de invocação, chamando todas as minhas filhas. No decorrer de algumas horas, minhas crianças em forma espiritual se reuniram comigo no topo da montanha com vista para o mar. Elaboramos um plano apressado, que consistia em nos espalharmos pelo mundo à procura de humanos bons e solidários. Estes, por sua vez, deveriam chamar outros e ajuntar animais e plantas, levando todos para cavernas, barcos e outras estruturas. Sabíamos que a fúria da devastação pretendida por Yahweh era capaz de destruir qualquer uma dessas fortificações, mas sabíamos também que poderíamos usar nossa magia e poder para deter a água e proteger nossos resgatados. Por meio do vínculo com minhas Lilin, compartilhei com elas conhecimentos e as ensinei a gerar o poder escuro de suas almas; e saímos pelo mundo para encontrar pessoas que queríamos proteger.

Levei uma de minhas filhas comigo para localizar Adão, Eva e seus filhos. Descobrimos que meu ex-marido e sua esposa já haviam deixado esta vida, mas os filhos de seus filhos ainda viviam. Encarreguei minha filha de cuidar deles e parti em busca de Caim. Ele ainda morava na cidade de Enoch com alguns descendentes e uma mulher que desposara após a morte de Ita, que se fora bem idosa. Instruí-os a reunir pessoas de sua confiança e ajuntar animais, plantas, suprimentos e qualquer outra coisa que quisessem preservar. Levei-os a uma caverna com muitos túneis e bastante espaço. Nos anos seguintes, eles acumularam recursos e encheram a caverna de coisas úteis que pudessem carregar ou transportar. Sabia, por meio do vínculo com minhas Lilin, que estavam fazendo a mesma coisa. Uma ajudou um homem chamado Utnapishtim e outra um indivíduo cujo nome era Noé. Os dois homens e suas famílias se empenhavam em construir barcos enormes para enfrentar a tempestade.

Por todo o globo terrestre havia inúmeros outros. Minhas filhas reuniram quantos puderam e aguardamos a destruição iminente. Um dia, tive um mau pressentimento e compreendi que o meteoro caíra no outro lado do mundo. Enquanto o céu escurecia, minhas filhas e eu mandamos nossos resgatados se refugiarem em suas habitações: barcos, cavernas e estruturas nos picos das montanhas. Cada uma de nós começou a emitir energia escura do próprio corpo, uma energia que se transmutava e se movia como fumaça, cobrindo cada santuário para preservar a vida. Lacramos as moradias e barcos com tanta força espiritual que a água não poderia entrar. E, por fim, chegou. Havia vento, chuva, relâmpagos e trovões por toda parte, encobrindo a maioria das áreas da Terra. Tenho certeza de que todos os que enfrentavam a devastação ficaram perplexos e apavorados, mas sobreviveram. Passados 40 dias, as tempestades diminuíram e as águas começaram a baixar. Quando o tempo se abriu, recolhemos nosso poder e deixamos as pessoas e os animais saírem.

Minhas filhas e eu ajudamos os sobreviventes na reconstrução. Estava esperançosa, pois todos os que labutavam tinham vivido tamanho trauma, que ninguém pensava em violência ou conflito.

Parecia um paraíso. Pela primeira vez em muito tempo, senti paz e me perguntava se havia cumprido meu propósito. Seria aquilo que Elohim preparara para mim? Mas as respostas não vinham.

Tudo parecia ir bem, e assim foi por várias décadas. Mas, um dia, ouvi de minhas filhas que algumas pessoas começavam a se voltar para as trevas. Inexplicavelmente, algo como um vírus começara a se espalhar pelas terras. Embora a maioria ainda vivesse feliz, tentando manter a paz, uma inquietação geral fervia e, mais uma vez, a crueldade ameaçava a raça humana. Era como se uma pequena parcela da população estivesse novamente infectada pelas velhas práticas de guerra e de perseguição.

Caim e os sobreviventes ao seu lado começaram a reconstruir sua cidade, antes chamada Enoch. Um dos jovens, Maloch, foi pego violentando uma garota. Era casado e fora, até então, uma boa pessoa; por isso, sua depravação chocou os seguidores de Caim. Trouxeram Maloch até a minha presença e a de Caim, para que conversássemos com o rapaz e descobríssemos o que desencadeara aquela loucura. A garota fora recolhida pela família para que se curasse mental e fisicamente.

– Por que cometeu ato tão vil? – Caim perguntou ao jovem.

– Ela quis – Maloch respondeu, com tanto veneno que o rosto se contorcera em algo não humano.

– O quê? Como se atreve? – quis lhe arrancar a cabeça dos ombros por dizer uma mentira tão detestável.

– É verdade. Assim como você quis que Adão e Eva pagassem pelo que lhe fizeram – Maloch começou a rir, histérico, completamente insano. Como sabia sobre Adão e Eva ou sequer conhecia minha verdadeira identidade? Enquanto fiquei com Caim, assumira a identidade de Na'amah.

Senti uma trepidação no ar e uma presença se formou à minha frente. A forma era masculina e, quando ficou plenamente visível, reconheci a figura imediatamente. Samael.

– Sentiu falta de mim? – ele disse, com a costumeira falta de emoção. Seus olhos pretos me dissecavam, perscrutando minha alma.

Comecei a entoar e erguer as mãos para atirá-lo de volta aos reinos inferiores. Mas antes de terminar, Samael disse:

– Talvez deva esperar.

Hesitei, enquanto 12 formas começaram a cintilar e tomar forma ao redor das pessoas ali reunidas. Samael tinha gerado seres trevosos e malévolos nas profundezas mais escuras do abismo e os trouxera até nós.

Ele continuou:

– Quando nosso querido Pai abriu o mundo com sua estrela cadente, minhas crianças e eu achamos uma saída da prisão. E aqui estamos. Não dê nenhum passo precipitado, ou meus filhos matarão as últimas sementes humanas que salvou.

– O que quer, Samael?

– O que sempre quis. Quero dar a esses humanos a satisfação de seus desejos mais profundos. Quero que entendam como fomos feridos. Quero que nossos pais saibam como foi nossa separação.

Olhei-o com total desprezo.

– E o que espera de mim?

– De você, nada, Lilith. Mostrou-me que não é confiável. O que quero é meu filho.

– Não o terá.

– Irei com ele – Caim sussurrou.

– Não pode. Ele é um monstro.

Caim me olhou e disse:

– Quero ir. Preciso. Se não for por minha vontade, ele me levará e dará um jeito para que meus descendentes tenham uma morte horrível. Não aguento mais destruição. Acho que deve ser minha pena pelo que fiz com Abel.

– Não – foi a última palavra que pronunciei antes que um dos filhos demoníacos de Samael enfiasse uma faca mágica em minha cabeça, fazendo-me desmaiar.

Quando acordei, Caim, Samael e todos os seres demoníacos tinham sumido. As pessoas retomaram a vida, aparentemente ignorantes do que acontecera. Senti as lágrimas rolarem quando compreendi que Caim se sacrificara para que seu povo pudesse viver. Tudo minha culpa. Em meu anseio por companhia, separara Samael de mim muito tempo atrás, na terra de Nod.

Capítulo 13

Os anos passaram, a árvore amadureceu e cresceu. Mas Inanna era incapaz de cortá-la. Pois em sua base, a cobra "que não se deixa encantar" construíra um ninho. Na copa, o pássaro Zu – criatura mitológica que às vezes criava encrencas – deixara os filhotes. E no meio, Lilith, a donzela da desolação, construíra sua casa. E assim, a pobre Inanna, donzela de bom coração e perene alegria, derramou lágrimas amargas. Ao amanhecer, seu irmão, o deus-sol Utu, despertou de seu sono e ela lhe contou, em prantos, tudo o que acontecera com sua árvore huluppu.

Epopeia de Gilgamesh

PROCUREI, AFOITA, por algum sinal de Caim ou de Samael, mas nada encontrei. Minhas filhas relatavam criaturas hostis tentando os humanos, causando conflitos, mas, sempre que ia investigar, deparava-me com algum vassalo de Samael, e não ele mesmo. Ainda nos sonhos, não obtinha resultado. Saía de minha consciência e os únicos sonhos que tinha eram com a mesma sequência: Elohim pairando sobre mim, dizendo-me que deveria escolher.

Estava exausta. Percorrera a Terra por tanto tempo, sem respostas, até não aguentar mais. A culpa pela presença de Samael e por tudo que ele destruíra me oprimia a tal ponto que senti chegar meu fim. Ainda por cima, estava completamente só. Por que todos os que eu amava me tinham abandonado? Até Caim se fora. Minha lógica me explicava que ele partira para salvar a mim e a sua família, mas, mesmo assim, sentia sua falta. E percebia que a pior perda, aquela que mais doía na alma, era de minha Mãe e de meu Pai. Por que Yahweh/Elohim haviam se afastado de mim? Minha mente meneava e me fazia especular se não fora eu a raiz de todo o mal. Talvez não fosse um ser passível de receber amor?

Sabia que precisava tomar alguma medida drástica, do contrário, cairia em tamanho desespero que talvez até tentasse me autodestruir. Debati comigo mesma até decidir que a melhor atitude seria me retirar do mundo pelo uso da magia. Podia sair da consciência, passar algum tempo me curando e, se desse certo, sonhar com as lembranças perdidas de minha criação.

Encontrei uma árvore antiga no meio da Mesopotâmia, em uma área desabitada. Construí um círculo de pedras em torno da árvore e lancei minha magia. Pronunciei o nome secreto de Deus, invocando os elementos, as direções e os arcanjos para fazerem da árvore um espaço sagrado. Terminado o ritual, voltei para minha forma espiritual e entrei na árvore. Uni-me a ela e perdi todo o contato com o mundo exterior.

Tive sonhos. Muitos, muitos sonhos. Sonhei com minha vida desde a criação no Éden até o momento em que entrei na árvore. Alguns adquiriam as características horríveis de um pesadelo, com Samael do tamanho de uma montanha, elevando-se acima de mim e destruindo tudo o que eu amasse. Outros, penso, vinham do contato com minhas filhas. Via suas experiências pelo mundo, ajudando os necessitados e atormentando os que mereciam tal tratamento. Via o mundo progredindo à minha volta.

Em algum momento, comecei a sonhar novamente com minha criação, repetidas vezes. A mesma cena de Elohim flutuando acima de mim e perguntando se eu concordava com o que ia acontecer. Sempre respondia "sim". Nunca via com o que concordava, mas comecei a enxergar além de minha aceitação. Vi Elohim pegar o fruto da Árvore do Conhecimento do Bem e do Mal e colocá-lo em minha alma. Olhei de novo e vi Adão inconsciente ao meu lado, não um homem completo ainda, mas no processo de ser feito.

Veio, enfim, a revelação de que fui a primeira, criada antes de Adão porque me completei antes dele. Sempre acreditara que fôramos criados juntos, jamais me imaginei como a primogênita. Mais esclarecedor ainda era o fato de que Deus/Mãe me dera o mesmo fruto do conhecimento negado a Adão e Eva, até Samael tentar os dois a apanhá-lo. Portanto, desde o princípio me fora dado o conhecimento da dualidade e da vontade própria. Não tinha simplesmente me decidido a acordar e mudar. Fui construída para a mudança por minha mãe.

Não tinha a menor ideia do que acontecia ao meu redor e na árvore que resolvera habitar. A árvore com a qual me fundira tinha envelhecido. Com minha magia, tornara-se extremamente grande. O povo da Mesopotâmia a valorizava por suas propriedades mágicas e os peregrinos andavam milhas e milhas, desde muito longe, até a árvore maravilhosa que podia curar ou amaldiçoar, dependendo da pessoa que a tocasse. Algo chamado de pássaro Zu resolvera se aninhar na copa; um ser espiritual alado, atraído pelo poder incutido na madeira. Por fim, uma serpente enorme deslizou até ela e fez ninho em sua base. Os habitantes das redondezas chamavam a árvore de *huluppu*, por causa de sua magia.

Uma deusa jovem chamada Inanna, conhecida como a alegre, reivindicou a árvore. Inanna era uma princesa da monarquia local, mas ela era considerada também uma divindade do amor e da natureza. Estimava a árvore e sua magia, mas sentia que ela não poderia ser cortada por causa da presença espiritual em seu interior. Essa presença era eu.

Inanna procurou seu irmão, o príncipe Utu, e pediu que encontrasse alguém capaz de encontrar outro lar para o pássaro Zu, a serpente e o espírito da árvore. Ela queria usar a madeira para construir um altar no templo da Grande Mãe, mas não desejava ferir nenhum de nós. Inanna e Utu sabiam que precisariam de uma pessoa especial para realizar tal tarefa. Resolveram chamar seu primo, o herói Gilgamesh, conhecido por manipular uma magia poderosa proveniente dos deuses.

Gilgamesh aproximou-se da *huluppu* com reverência e começou a entoar e rezar. Invocou o poder da Grande Mãe, os anjos e os elementos. Usou invocações que perturbaram o pássaro Zu, obrigando-o a bater asas e fugir. Com a espada ainda embainhada, ele conseguiu mover a serpente para outro lugar, longe da árvore. Quando Gilgamesh terminou essa parte da tarefa, pôs as mãos na casca da *huluppu*, rogando por sabedoria.

Ele ouviu uma voz feminina lhe dizer que Lilith, a abandonada, habitava a árvore. A emoção transmitida lhe permitiu um vislumbre da grande dor que me dominava quando entrei na árvore. Com as lágrimas escorrendo, ele só emitiu compaixão. Usou meu nome e sua magia para me invocar. Sua presença penetrou minha mente e retornei à consciência. Sua empatia e solidariedade por mim me trouxeram esperança. Comovia-me profundamente saber que alguém respeitava meu sofrimento e aquilo despertava em mim a crença de que, afinal, tudo ficaria bem.

Saí da *huluppu* e assumi a forma física. Entre descobrir um pouco mais sobre minha criação e sentir a presença daquele homem bom preocupado com minha dor, embora não me conhecesse, acordei renovada e fortalecida. Abraçamo-nos e nos beijamos. Uma paixão que não experimentava há muito tempo me dominou enquanto fazíamos amor. Na manhã seguinte, percebi que não criara nenhuma filha em minha união com Gilgamesh. Ainda hoje não sei bem por quê. Talvez porque Gilgamesh não fosse totalmente humano, ou talvez por nossa união ser a primeira da qual não me arrependia. Relutante, disse a Gilgamesh que podia informar a Inanna e Utu que a madeira da *huluppu* lhes pertencia e poderiam fazer dela o que quisessem.

Capítulo 14

> *Moisés disse: "Assim diz Yahweh: à meia-noite, eu passarei pelo meio do Egito, e todos os primogênitos do Egito morrerão, desde o primogênito do Faraó, herdeiro do seu trono, até o primogênito da escrava que trabalha no moinho, e todos os primogênitos do gado. Então na terra do Egito haverá grande clamor, como nunca houve antes e nunca mais haverá".*
>
> Êxodo 11:4-6

Enquanto viajava pelo Oriente Médio, ouvi falar muito do Faraó do Egito. Diziam que esse Faraó construía grandes monumentos para seus Deuses e usava trabalhadores semíticos, há muito tempo assentados em sua terra, para o trabalho exaustivo. Sabia sobre o Egito e os israelitas, bem como de outros povos semíticos que moravam na região. Alguns israelitas descendiam de Set (o terceiro filho de Adão e Eva); por isso, fiquei particularmente interessada quando soube que um novo profeta surgira para libertar seu povo do trabalho escravo. Jurara ajudá-los a reivindicar a terra que lhes fora prometida por Yahweh.

Segundo rumores, o novo profeta, cujo nome parecia ser Moisés, ou algo parecido, fora outrora um Príncipe do Egito. Achei um tanto confuso um Príncipe do Egito ser convocado por Yahweh para conduzir os israelitas a essa terra prometida, mas já estava acostumada a não entender as maquinações de Yahweh. Preferi ignorar a situação, pois a última coisa que queria era me intrometer em seus planos.

Entretanto, em minha jornada, senti subitamente uma energia a se agitar e percebi que não estava só. Diante de mim apareceram os três anjos, Senoy, Sansenoy e Semangelof. A presença deles me incomodava um pouco menos do que antes. Na última ocasião em que nos encontramos, vieram trazer-me a mensagem de Elohim. Esperava que estivessem ali novamente como mensageiros da Mãe. Ergui as sobrancelhas, ansiosa. Os três apenas me encaravam. Não quis mais esperar e quebrei o silêncio:

– Bem, que notícias me trazem?

Apreensivo, Sansenoy disse:

– Não vai gostar.

Provavelmente não era da parte de Elohim.

– O que foi agora? – insisti.

Semangelof respondeu:

– Yahweh ordena que entre em ação.

– Yahweh ordena! – falei com raiva, mas depois explodi em gargalhadas. – Yahweh ordena. É mesmo? Ele se esqueceu de que sou a única que o desafiou e salvou a humanidade?

– Yahweh nunca esquece.

– Por que devo seguir qualquer ordem dele?

– Porque Samael está no Egito, e Yahweh quer que você vá e ajude a libertar os israelitas do controle dele.

Pegara-me no ponto fraco. Samael era minha criação e meu problema. Não sentia sua presença desde que levara Caim, e Yahweh deduziu corretamente que eu não perderia a oportunidade de impedir Samael de realizar qualquer plano.

– Muito bem. O que devo fazer?

Semangelof começou a falar, mas, para minha surpresa, Sansenoy interrompeu e disse:

– Não sabemos. Devemos levá-la para o Egito e aguardar mais instruções.

Erguemo-nos no ar e voamos até o Egito. Ao chegarmos, encontramos o país devastado com água vermelha como sangue, rãs e larvas espalhadas por todo lugar, gado morto e destruição provocada por granizo e rochas incandescentes. Tudo em ruínas e o povo sofrendo mais que em qualquer outra época desde o dilúvio. Não podia imaginar como alguém sobrevivera naquelas condições. O que Yahweh queria de mim após ter provocado tamanha devastação?

Esperamos muito. Por fim, Semangelof foi chamado para receber mais instruções e desapareceu em um clarão. Quando retornou, seu olhar me surpreendeu. Parecia de piedade. Semangelof jamais demonstrara piedade em relação a mim, apenas desprezo. Os outros dois anjos e eu o observamos, ansiosos.

Ele hesitou, mas finalmente disse:

– Yahweh tem uma missão para você, Lilith. Quer que atravesse a cidade real hoje à noite. E... quer que mate o primeiro filho homem de toda casa que não estiver protegida com um sinal de sangue sobre a porta.

Senoy e Sansenoy ficaram boquiabertos. Tinham no rosto a mesma expressão que nunca vira em um anjo antes.

– O QUÊ? Não farei isso. O que ele pensa que sou?

– Ele disse que você é o único ser capaz de tal matança.

Meu olhar de horror devia ser tão grande que Semangelof sussurrou:

– Sinto muito.

Virei-me e comecei a me distanciar. Não podia fazer aquilo. Jamais cometeria tal ato. Como ele se atrevia a me considerar tão desalmada e maligna?

Ouvi uma voz me chamar por trás:

– Lilith.

Virei-me e vi Caim ao lado dos três anjos.

– Caim! – corri e abracei fortemente meu filho adotivo. Ele também me deu um abraço apertado. Com o rosto cheio de lágrimas, não consegui falar com clareza.

– Ficará tudo bem. – Caim me acariciou as costas e, por fim, continuou: – Precisa fazer o que ele quer.

Afastei-me e o olhei com horror.

– Como pode dizer isso?

– Sinto muito. Mas precisa. É o único modo de derrotar Samael.

– Como? Por quê?

Com lágrimas nos olhos, Caim prosseguiu:

– Samael controla o Faraó e seus sacerdotes. Levou-os a um ponto de loucura, que eles matarão todos os israelitas que tentarem fugir. O Faraó poderá matá-los, aliás, mesmo que fiquem.

– Não posso fazer isso – solucei.

– É necessário. São o povo de meu irmão. Esse é o legado de Set; o legado de minha mãe e meu pai. Esse povo tem um destino e se, não o cumprir, este mundo nunca será o que deve ser.

– Mas como a matança dos inocentes deterá Samael?

– Dor e amor serão as únicas formas de quebrar o poder dele sobre os egípcios, permitindo-lhes libertar os israelitas e outros povos semíticos. – Depois de uma pausa, Caim acrescentou: – Preciso reencontrar Samael antes que perceba que saí.

Abracei Caim mais uma vez. Semangelof interrompeu nosso abraço para dizer:

– Caim, deixe-me mostrar-lhe a marca sobre sua porta para que não pereça quando Lilith vestir o manto do anjo da morte. Você também é primogênito e não estará imune à maldição.

– Não. Para que dê certo, não posso saber qual é a marca, pois Samael a arrebataria de minha mente. Preciso que me mandem de volta e me façam esquecer essa conversa.

– Não, Caim! Não posso deixá-lo morrer.

A ideia de perder meu único amigo neste mundo me partia o coração. Seria como perder meu próprio filho.

– Não há escolha. Saiba que amo você e que isso libertará o mundo das garras de Samael.

Caí ao chão, em prantos. Não sabia se teria a força para fazer o que esperavam de mim. Levantei os olhos para Senoy e disse:

– Sou isso, então? Uma assassina de crianças, como os maldosos afirmam há tanto tempo?

– Você tem de ser quem é. Não a invejo por essa tarefa, mas sei que é o ser mais forte que já conheci. Fará o necessário.

Na hora certa, após o pôr do sol, assumi forma espiritual e pronunciei o nome secreto de Deus. Os três anjos apontaram as mãos para mim e uma luz explodiu de meu corpo astral. Tornei-me completa escuridão, morte e destruição manifestas.

Saí às ruas, movendo-me como névoa ou nevoeiro de casa em casa. As casas com a marca de sangue me repeliam, mas todos os lugares sem a mesma marca me atraíam. Entrava e os envolvia em trevas, removendo toda luz de seus corpos e deixando uma mera casca do que fora um ser vivo. Houve choros e gritos, mas nada me comovia porque eu era a morte e meu único propósito era matar. De madrugada, todo primogênito do sexo masculino não protegido pela marca cessou de respirar. Não me lembro especificamente da morte de Caim, mas sei que ocorreu, e sua destruição fora causada por mim.

Retornei ao ponto onde deixara Senoy, Sansenoy e Semangelof. Com os primeiros raios do Sol, a luz penetrou de volta ao meu corpo astral e recuperei meu sentido de identidade e forma. Senoy me olhou e disse:

– Sente-se bem?

Através de olhos ainda negros como a noite, encarei-o e respondi:

– Foi isso que me tornei.

Capítulo 15

As águas voltaram, cobrindo os carros e os cavaleiros do Faraó, que os haviam seguido no mar: nem um só deles escapou.

Êxodo 14:28

e

E ele [Samael] é castrado para que não possa gerar, pois [seus filhos] aniquilariam o mundo.

Patai 81:458

SEGUIMOS OS ISRAELITAS e outros povos semíticos em sua fuga do Egito. Os três anjos que eu acompanhava providenciaram para que todos os israelitas saíssem do país sem que os egípcios os impedissem. Fui com eles, mas pouco me importava com os humanos. Ansiava por destruição e precisava de uma mera desculpa para extravasar a ira sobre qualquer um que me desse motivo.

Os anjos usaram seu poder proveniente de Yahweh/Elohim para dividir o Mar Vermelho, permitindo que as pessoas passassem. As multidões caminharam ao longo do leito seco, com a água retida de ambos os lados. Já tinham praticamente atravessado quando a legião do Egito foi ao encalço deles. Soaram trombetas e tambores enquanto os gritos de guerra ecoavam pelo corredor de água. A princípio, não prestei atenção, porque realmente pouco me importava o que fariam, mas depois percebi que Samael avançava no mesmo carro do Faraó e seus filhos marchavam com os soldados. Não era apenas uma querela humana, mas uma batalha espiritual.

Voei entre os israelitas e os egípcios, bloqueando o caminho. Assumi forma sólida, não tão bela como Na'amah, mas o meu verdadeiro eu, com asas pretas enormes e a pele tão branca quanto alabastro. Firmei-me em terra enquanto a horda se aproximava até parar sob o comando de Samael. Ele saltou do carro em minha direção, urrando o tempo todo.

– O que você fez? Ajudou-os a matar meu filho, desgraçada!

– Não, Samael. Não os ajudei. Matei pessoalmente Caim e todos os primogênitos.

Samael sabia o quanto eu amava Caim; por isso, a revelação de meu ato, feita naquele tom de frieza, o fez retrair-se, chocado.

– O... que quer dizer?

– Trouxeram-me aqui para deter você a qualquer custo. Mesmo que envolvesse a morte de Caim.

Mais uma vez, Samael saltou sobre mim, convocando seus filhos para se juntar a ele e vingar tanto a morte do filho quanto minha ousadia por interferir em seus planos. Mas não contava com o fato de eu não ter mais medo. Não me importava com o que pudesse lançar contra mim; aliás, pouco me incomodava com minha vida. Só queria derrotá-lo.

Levantei a mão direita e invoquei o nome secreto de Deus. A força escura dentro de mim explodiu para fora e envolveu o exército egípcio inteiro, Samael e seus filhos. Todos interromperam a marcha imediatamente. Chamei o nome secreto de Deus mais uma vez e, com a mão esquerda, atraí a água. O mesmo poder usado para proteger os resgatados, agora jogava toda a água do mar sobre meus inimigos. Usei minha força escura para afogar o quanto de humanos fosse possível, levar de roldão os demônios e não deixar nada no caminho.

Da água se ergueu Samael. Voou para o ar com um grande jato d'água; seus olhos negros como betume, os chifres estendidos e enrolados como de um carneiro. Voou em minha direção com água seguida de chamas, tentando repelir-me. Naquele momento, nossos papéis estavam invertidos. Ele era pura ira e eu a calma personificada.

Elevei-me ao ar também, liberando a escuridão de meu interior. Meu poder o agarrou pelos braços e pernas, impedindo-o de agir. Voei em sua direção e parei, suspensa no ar, a uns 30 centímetros de onde Samael se encontrava imobilizado.

Olhou-me com fúria e se debateu para se livrar dos grilhões que o prendiam.

– Nunca me deterá, vagabunda. Sou Samael e ninguém pode comigo. Criarei cada vez mais filhos e dominarei este mundo como bem entender. Não pode me impedir!

Meus lábios se contorceram em um leve sorriso.

– Não – disse. – Você não fará nada disso – estendi a mão, que se transformara em uma massa de tentáculos e energia, e arranquei os genitais de Samael, bem como sua habilidade para se propagar tanto no plano físico quanto no astral. Ele urrou de fúria e horror quando soltei os pedaços no oceano para alimentar a vida marinha. Sabia que aquela mutilação seria curada e, com o tempo, ele recuperaria a capacidade reprodutiva, mas pelo menos ganhávamos tempo. Um tempo extremamente necessário. Olhei-o e ordenei: – Agora desapareça.

A força escura que segurava Samael começou a cobrir seu corpo inteiro. Ele ainda tentou se libertar, lutando contra meu poder, mas se dissolveu como fumaça até sumir. Enviara-o aos abismos mais fundos dos reinos das sombras, ferido e sozinho. Por um segundo, senti o gosto do triunfo, mas logo em seguida, a escuridão emocional retornou. Virei-me e olhei para Senoy, Sansenoy e Semangelof, desafiando-os a me deter, e voei para o Oriente.

Capítulo 16

Da superfície da testa [de Durga], enrugada de ferocidade, brotou subitamente Kali, de semblante terrível, armada com espada e laço.

Devi Mahatmyam 12

e

Foi então que Morrigan, filha de Ernmas, chegou das moradas das fadas, disfarçada como uma velha ordenhando uma vaca amarela com três cabeças.

O Ciclo de Ulster

e

E a Rainha do Sul, de quem Ele falava, era a Rainha da Etiópia.

Kebra Nagast 21

Sentia-me em um nevoeiro. Viajei mundo afora, começando pela Ásia e seguindo para oeste pelos continentes. Procurava aqueles que abusavam dos outros, causavam-lhes sofrimento ou se aproveitavam das pessoas, e os atormentei. Em alguns casos, entrava em seus sonhos, dando-lhes visões aterradoras; em outros, perturbei-os a ponto de perderem o contato com a realidade. Alguns, simplesmente, matei. Impus a mim mesma a missão de destruir o mal onde o encontrasse.

Uma parte de mim acreditava que encontraria uma saída das profundezas em que caíra, se ao menos conseguisse realizar alguma coisa. Se pudesse me livrar do mundo de tormento e perseguição. Claro que, em vários sentidos, eu me tornara aquelas coisas que odiava. Se não fosse acusada de perseguir, não negaria que atormentar os outros era meu *modus operandi* favorito.

Com alguns homens menos maldosos, copulei e criei filhas. Essas crianças se diferenciavam das que vieram de mim antes. Eram tão sombrias quanto a mãe se tornara, cheias de ódio e sede de sangue. Muitas se assemelhavam a demônios e foram destruídas pelas mãos dos anjos. Mas pouco me importava.

Mudando de uma cultura para outra, sempre que alguém me detectava – por minhas obras ou quando assumia forma física –, as pessoas me chamavam pelo nome de sua Deusa local. Na Índia, era Kali; na África, Belkis; e na Europa, Morrigan. Assumia o papel de toda força feminina de destruição e me regozijava ante a dor causada. Culpava Samael e suas ações por meu apetite por devastação e raiva, e Yahweh por me obrigar a me transformar em morte no Egito; mas, no fundo, tinha raiva de mim mesma. Acreditava-me maligna, sem esperança de redenção.

Alternava entre a fúria e a paralisia sem emoção. Era uma época horrível para mim e, na verdade, para o mundo. A escuridão reinava e eu não me empenhava muito em impedi-la. Aliás, trazia mais sofrimento às pessoas que alívio do sofrimento. Descansava pouco e nem tentava sonhar. Simplesmente corria de um lugar a outro, punindo quem devia pagar, segundo o meu julgamento.

Capítulo 17

De repente, ele ouviu uma voz dizendo: "Ó infeliz, nascido homem! Tudo está acabado entre nós. Não lhe pedi que não divulgasse meu segredo? Agora não verá mais a mim nem a seus filhos".

Fayiz e a Esposa Fada

EM MINHAS ANDANÇAS pelo mundo, fui parar na Pérsia. Senti um chamado de dor e de necessidade que me atraiu a uma cena capaz de abalar meu coração sombrio. Vi uma mulher e seus dois filhos ainda pequenos atacados por cães selvagens. Ela lutava corajosamente para proteger as crianças, mas estava perdendo a batalha. Senti que suas feridas seriam fatais, mas a mulher não desistia de tentar salvar os meninos.

Desci em forma espiritual ao lado dela. Embora estivesse invisível, os cães captaram minha presença e fugiram, aterrorizados. Tomei forma humana e observei a moribunda. Seus olhos pareciam embaçados e o sangue escorria das diversas mordidas. Uma mordida feia no pescoço causara o pior estrago. Só teria alguns minutos de vida.

A mulher segurou minha mão e disse:

– Minhas crianças. Salve minhas crianças.

Respondi que assim o faria, ela deu o último suspiro e morreu.

Não poderia deixar os garotos sozinhos; então, assumi a forma da falecida e verifiquei se estavam gravemente feridos. Tomei o cuidado para exibir alguns hematomas e parecer cansada, com marcas de mordidas e um galo na cabeça. Não confiava em ninguém desde o que acontecera no Egito e, por mais que desejasse ajudar as crianças, não queria revelar minha verdadeira identidade. Felizmente, os meninos eram tão pequenos que não perceberam que a mãe morrera e fora substituída por outra. Tinha a aparência da mãe deles e, portanto, era ela.

Logo que entramos na aldeia próxima, de onde provavelmente viera a mulher, várias pessoas nos receberam, perguntando se podia andar e oferecendo-se para me levar de volta à tenda de meu marido. Mulheres mais velhas seguraram os meninos e nos levaram para "nossa" casa. Lá encontrei um homem chamado Fayiz, o marido da mulher morta. Não era atraente, mas parecia genuinamente preocupado com sua mulher e seus filhos. Fingi estar muito machucada, assim poderia descansar e perceber se as crianças estariam seguras com aquele homem e a comunidade.

No decorrer de minha falsa convalescença, observei as pessoas e, em particular, Fayiz. A aldeia tinha muitas pessoas boas, e Fayiz me pareceu um homem muito decente. Representei o papel de esposa e mãe para cumprir minha promessa à moribunda de garantir a segurança de seus filhos. Há muito tempo não experimentara algo assim, o mais próximo de uma vida; mas não conseguia entrar nela de coração. Assumir o papel da mulher parecia mais um dever que um prazer.

Minha cópula com Fayiz produzia Lilin que eu despachava pelo mundo, enquanto retornava à função que resolvera desempenhar. De tempos em tempos, saía da aldeia para me reunir com minhas filhas. Às vezes, assumia minha forma verdadeira e voava, só pela emoção de estar livre. Certa noite, Fayiz me seguiu e percebi que me observava bem no momento de reassumir a forma de sua esposa. Ele me chamou de Peri, palavra persa que significa fada. Olhei fundo em seus olhos e lhe disse, séria, que não deveria revelar a ninguém o que achava que eu era, ou levaria embora os meninos e partiria para sempre. Fayiz concordou sem hesitar e jurou que nunca diria à vivalma.

Por algum tempo, tudo continuou normal. De repente, porém, os aldeões começaram a chegar à nossa casa com presentes. A princípio, eram alimentos discretos, mas logo se tornaram presentes que só os ricos podiam comprar. Fayiz parou de trabalhar e começou a depender das "oferendas" que nos faziam. Várias vezes lhe perguntei o que estava acontecendo, e ele inventava desculpas a respeito de favores que tinha feito às pessoas e outras bobagens assim. Quando parou de dar atenção aos filhos e passou a se ver como alguém especial e merecedor de carinho, não aguentei mais.

Um dia, enquanto ele saía para fazer sei lá o quê, pressionei uma jovem que trazia uma oferenda. Perguntei-lhe por que as pessoas nos davam tantos presentes. A moça relutou em responder e não me olhava nos olhos. Tratava-me como se fosse muito inferior a mim, seus modos revelavam admiração e temor. Mas insisti e, por fim, ela disse:

– Trazemos presentes a vocês para permanecer em suas graças, senhora.

Confusa, perguntei:

– E por que precisam permanecer em minhas graças?

– Porque é uma Peri e pode nos trazer sorte ou destruição. Queremos que seja feliz em nossa aldeia.

– Quem lhes disse que sou uma Peri e que pretenderia ir embora?

– Seu marido, Fayiz, disse aos anciões da aldeia e os levou ao deserto para lhes dar uma prova, observando enquanto a senhora se transformava de fada em humana novamente.

– Ele fez isso, então?

À noite, confrontei Fayiz. A princípio, fui meiga e amável, mas, quando revelei que sabia de sua exposição do meu segredo para lucrar com ele, mudei de forma. Meus olhos ficaram profundamente pretos, a pele clareou e readquiri todos os meus traços originais, no lugar dos da esposa.

– Agas! – ele gritou em desespero, achando que estivesse diante do demônio feminino chamado Agas, responsável pelas doenças e cujo nome significava "olho do mal".

– Sim, Fayiz. Não sou uma simples Peri, mas um demônio. Avisei-o para não revelar quem eu era. E não só revelou minha natureza, mas ainda buscou lucros disso.

– Por favor... por favor, não me machuque – ele implorou.

– Não vou machucá-lo, mas agora tudo está acabado entre nós. Não lhe pedi que não divulgasse meu segredo? Agora não verá mais a mim, nem a seus filhos.

Agarrei os meninos, abri as asas e voei para o céu. Encontrei um novo lar para os garotos em uma aldeia vizinha, onde um casal estéril ansiava por ter filhos. Quando lhes apresentei as crianças, os dois se debulharam em lágrimas de alegria. Sabia que os gêmeos estariam seguros e se tornariam homens em um lar feliz.

Capítulo 18

Depois disso tudo, Sansão se apaixonou por Dalila, mulher do vale do Soreque. Os chefes dos filisteus procuraram Dalila e lhe propuseram: "Seduza Sansão e descubra onde está a grande força dele e de que modo poderemos dominá-lo, amarrá-lo e prendê-lo. E cada um de nós dará mil e cem moedas de prata para você".

Juízes 16:4-5

Cansei-me de vagar e comecei a nutrir esperanças de reencontrar a serenidade se me assentasse em um único local. Assumi, então, forma humana e passei por uma filisteia. O nome Na'amah já era conhecido e relacionado a mim, bem como a meus espíritos furiosos, fazendo surgir lendas segundo as quais Na'amah seria minha filha ou irmã. Resolvi mudar as coisas e adotei o nome de Dalila, que significa "desejável". Tomei a forma de uma mulher extremamente bela, porque a vida para as mulheres era muito dura naqueles tempos e queria desfrutar de toda e qualquer vantagem possível.

Vivi como Dalila por muito tempo, até que um dia soube da existência de um israelita chamado Sansão. Tentou me cortejar e devo admitir que não resisti a seus charmes, indo para a cama com ele talvez um pouco antes do que deveria. Sansão era um juiz hebreu, ou pessoa santa, que ajudava a impor a lei. Era extremamente bonito, charmoso e tinha a força de 12 homens. Casamo-nos e vivi com ele, começando a me recuperar e dispersar a escuridão que me permeava. Não posso dizer que o amava, mas gostava dele. Sansão me distraía da raiva. Por fim, me livrei de todas as trevas em minha alma e meus olhos verdadeiros readquiriram seu tom verde natural.

Um ano depois, os líderes filisteus tiveram uma conversa confidencial comigo e me pediram que descobrisse o segredo da força de Sansão para que, assim, pudessem capturá-lo e obter vitória sobre o povo judeu. Recusei-me a ajudá-los, claro, mas fiquei pensando naquela grande força e destreza de meu marido. Sabia que estava envolvido com alguma magia, mas não tinha ideia da natureza de seu segredo, nem da origem de sua força. Dali a alguns meses, fui vencida pela curiosidade e lhe perguntei. Por amor a mim, Sansão me contou. Seus pais juraram que seus cabelos jamais seriam cortados enquanto ele vivesse. O feitiço lhe conferiu força, proteção contra o mal e tamanho encanto, que a maioria dos mortais não consegue ter. Prendia os cabelos em sete tranças longas, amarradas à nuca de modo que o fato de não serem cortadas não parecesse tão óbvio. Guardei comigo esse conhecimento e segui com minha vida rotineira.

Com o tempo, apegava-me cada vez mais a Sansão. Era um homem bom e se importava muito com seu povo. Não me agradava a ideia de ser dedicado a Yahweh/Elohim, mas nunca vira nenhum indício da interação entre meus pais e ele; por isso, ignorava o relacionamento. Ele lamentava o fato de não termos filhos, mas o amor por sua "Dalila" era grande o suficiente para não deixar o aborrecimento atrapalhar nossa relação. Creio que a magia colocada nele me impedia de produzir minhas filhas espirituais, as Lilin, pois, durante todo o tempo em que estivemos juntos, nenhuma nasceu.

Certa manhã, deparei Sansão sentado na cama, observando-me com um olhar estranho. Seu rosto parecia destituído de emoção e achei que talvez dormisse meio acordado. Mas, de repente, abriu a boca com um leve sorriso e disse:

– Voltei!

Dei um salto para trás, em repulsa. Sabia de quem viera a palavra, e não era de Sansão. De alguma forma, Samael se apossara dele durante a noite.

– Como rastejou para fora do abismo onde o joguei?

– Não foi fácil, amor, mas, como sempre, levei a melhor. E agora estou de volta para ficarmos juntos novamente.

Retruquei em tom de menosprezo:

– E por que acha que quero ficar com você? Pensa que não o atirarei de volta ao reino do Inferno?

– Não vai ferir seu precioso Sansão. Não pretendo sair deste corpo e, pelo menos enquanto isso não acontecer, você não pode fazer nada contra mim sem prejudicá-lo.

Assumi minha forma espiritual, pronunciei o nome secreto de Deus e tentei expulsar Samael do corpo de meu marido. Mas não deu certo.

Ele riu e disse:

– A magia imbuída neste homem também me protege de ser expulso. Acho que terá de me engolir.

Retornei à forma humana e saí da casa. Comecei a andar pelas ruas, tentando decidir o que fazer. Não via uma saída. Não abandonaria Sansão e nunca o atiraria aos reinos inferiores para me livrar de Samael. O companheiro criado por mim vencera.

Tolerei a invasão de Samael, fingindo diante de todos que tudo estava bem. Como poderia explicar que Satanás, o acusador, possuíra o poderoso juiz hebreu, sem causar pânico ou fazer as pessoas pensarem que eu estava louca? Às vezes, enquanto o corpo de Sansão dormia, Samael relaxava o controle e a personalidade de meu marido vinha à tona. A princípio, achava que era um pesadelo e me implorava para acordá-lo, mas não tardou a perceber que o acontecido era muito real. Não suportaria feri-lo. Vivia na esperança de que Samael cometesse algum erro e, com isso, eu pudesse proteger aquele homem amável.

Por fim, bolei um plano. Certa noite, enquanto o corpo de Sansão dormia e ele recuperava o controle momentâneo, cortei seus cabelos, quebrando a magia que lhe dava força e o protegia. Imediatamente tomei forma espiritual e arranquei Samael do corpo de meu marido, arremessando-o ao ar. Samael pareceu assustado, mas só o peguei desprevenido por um instante. Antes de qualquer outra ação minha, desapareceu em uma ondulação escura, fugindo de minha ira. Sansão ficou ileso, embora fraco e confuso.

Quando senti que ele estava suficientemente recuperado, disse-lhe que precisaria viajar para visitar familiares. Usei meus poderes para convencê-lo a não se preocupar. O que fiz, na verdade, foi caçar Samael, procurando sua essência, tentando encontrá-lo na cidade ou qualquer outro lugar. Temia que voltasse para, mais uma vez, atormentar meu marido e a mim. Sabia que não poderia viver com Sansão para sempre. Ele era humano, mas naquele momento eu precisava daquela vida e de um parceiro em quem pudesse confiar. Procurei por mais de uma semana, mas, como não vi sinal de Samael, desisti.

Voltei para casa e não havia ninguém lá. Sansão desaparecera. Procurei por toda parte, imaginando que Samael o apanhara novamente, mas descobri que fora capturado pelos filisteus. Estava preso em um Templo não muito longe de nossa casa. Fui até lá e tentei entrar em minha forma espiritual, mas alguma coisa me impedia. Não pude atravessar as paredes. Alguma espécie de feitiço não me deixava entrar. Então, assumi minha identidade de Dalila e disse aos guardas que cortara propositadamente os cabelos de Sansão para que pudessem agarrá-lo. Deixaram-me entrar e me apresentaram aos sacerdotes do Templo. Disse-lhes as lorotas que queriam ouvir sobre uma filisteia orgulhosa que amava "nossos" deuses. Dali a algum tempo, mandaram-me sair e voltar em uma semana, porque exibiriam Sansão para que todos o vissem. Tive de obedecer, pois não podia invadir e libertar meu marido.

Quando retornei, sentei-me em um grande salão com dignitários e sacerdotes filisteus, que me elogiaram como cidadã modelo pela suposta traição a meu marido. Fingi aceitar o elogio, assim veria Sansão e tentaria tirá-lo de lá. A magia operada nas paredes do local era tão forte que nem eu podia transpô-las. Aguardei, enfim.

Finalmente, trouxeram Sansão e me assustei. Haviam lhe arrancado os olhos e o puxavam por correntes. Aproximei-me dele, como se quisesse me gabar, mas sussurrei em seu ouvido:

– Vim salvá-lo.

Ele balançou a cabeça negativamente. Suas únicas palavras foram:

– Vá embora.

Não eram palavras de raiva, mas um alerta. Pretendia fazer algo, contudo eu não sabia o quê. Recuei enquanto o arrastaram até uma coluna no centro do salão. Sansão se inclinou sobre ela; vi que sorria enquanto começava a empurrá-la. Formou-se grande comoção, pois a coluna de sustentação se moveu e o edifício inteiro começou a desmoronar à nossa volta. Quando o teto ruiu, assumi forma espiritual para que meu corpo não fosse esmagado. Observei enquanto Sansão e todos os outros no Templo morriam. Com a destruição das paredes, a magia do local despareceu e pude me mover à vontade em meio à estrutura.

Não tinha ideia de como Sansão recuperara a força para agir, mas por mais que lamentasse sua morte, sei que ele fez exatamente o que queria, no fim.

Capítulo 19

Sendo um Asura, Mahishasura entrou em guerra com os Devas, pois os Devas e os Asuras viviam em conflito perpétuo. Mahishasura fora agraciado com a dádiva de que nenhum homem podia matá-lo.

Devi Mahatmyam

Com a perda de Sansão e de minha vida como Dalila, comecei a vagar pelo mundo novamente. Procurava Samael em todos os lugares para onde ia, a fim de me vingar mais uma vez e mandá-lo para o mais fundo dos Infernos. Dedicava-me à sua punição, a qualquer custo.

Não sei por quanto tempo perambulei, pois nada me importava, exceto a destruição de Samael. Viajei pelo mundo inteiro e até cruzei os mares em minha forma astral, decidida a encontrá-lo onde quer que se escondesse. Minha existência era uma névoa total, enquanto o mundo à minha volta girava sem minha atenção, até que um dia senti o chamado de algumas de minhas filhas no reino de Mysore, atual Índia. Travavam uma batalha feroz com uma criatura particularmente nefasta chamada Mahishasura. O nome significava Demônio-Búfalo e, a deduzir dos apelos de minhas filhas, era um problema gigantesco.

Alcei voo e rumei para o local de onde sentia o chamado, encontrando todas combalidas, derrubadas pelo demônio e sua horda de irmãos. A cidade estava em ruínas, com mortos e moribundos por toda parte.

As pessoas rezavam pela libertação, porém suas preces não eram atendidas. Minhas filhas tentavam, mas Mahishasura era muito forte e destruiu até algumas das Lilin que o atacaram. A situação me enfureceu, pois elas agiam em defesa dos inocentes. Direcionei toda a minha raiva para Samael e ataquei os demônios que o seguiam.

Elevei-me no ar e liberei meu poder sombrio interior. Ele se espalhou e rastejou pela cidade, agarrando todos os demônios no caminho. Minha escuridão detinha a maioria dos contingentes de demônios e, assim, pude bani-los para um reino de sombras usando o nome secreto de Deus, bloqueando sua fuga pelo tempo que quisesse mantê-los aprisionados. Nenhum deles se equiparava em força ao pai de todos, Samael; por isso, senti que não escapariam. Só restaram Mahishasura e seus dois aliados mais poderosos.

O Demônio-Búfalo enviou os dois capitães demoníacos atrás de mim e eu os despachei usando o nome secreto de Deus. Meu poder sombrio entrou neles, e os dois explodiram em fogo e fumaça. Encurralei Mahishasura e o detive com meu poder. Interroguei-o com todos os recursos de que dispunha, ameacei-o com todo tipo de sofrimento, inclusive a destruição total, mas ele não tinha ideia de onde se encontrava Samael. Enquanto o demônio urrava de terror, deixei minhas filhas saltarem sobre ele. Consumiram seu corpo espiritual, tomando para si seu poder, assim, fortalecendo-se. A essência do monstro piscou e se apagou após perder o último vestígio de energia.

Essas Lilin se tornaram as grandes protetoras na Índia. O povo as via como Shakti (seres de poder criativo feminino). Chamavam-nas de Dakini e Naga. Muitas de minhas filhas ainda protegem a Índia até os dias de hoje. Antes de minha partida do subcontinente, os indianos me saudaram como Durga, a Deusa que destrói demônios. A lenda era que Mahishasura não podia ser destruído por homem nenhum e, então, os deuses me enviaram para destruí-lo. Senti que aquela era minha primeira vitória depois de muito tempo.

Capítulo 20

A Rainha de Sabá ouviu falar da fama de Salomão e foi submeter o rei à prova por meio de enigmas.

1 Reis 10:1

Um dia, em minhas viagens, ouvi o nome de Salomão, um grande rei de Israel que supostamente conhecia alta magia e era um seguidor de Yahweh/Elohim. Resolvi que devia conhecer tal homem a fim de verificar se não era Samael ou um de seus agentes. Sabia que não poderia ser apresentada a um rei com a mesma facilidade que a qualquer outro homem; por isso, usei meu poder para ganhar riqueza e seguidores. Tomei a forma de Bilkis, que usara muitos anos antes na África, e assumi a identidade da Rainha de Sabá.

Reuni meu séquito, providenciei uma profusão de presentes luxuosos e rumei para Jerusalém. Nossa grandiosa procissão atraía as atenções, e algumas pessoas começaram a nos seguir para ver aonde íamos e o que aconteceria. Por onde passávamos, grandes multidões e muitos festejos nos acompanhavam. Fiquei um tanto surpresa por ninguém barrar nosso caminho nem perguntar sobre nossas intenções, mas creio que com a riqueza vem o poder.

Ninguém nos questionou até nos aproximarmos do portão de Jerusalém. Um guarda se aproximou, prestou reverência e quis saber o que pretendíamos na cidade.

Erguendo a voz, proclamei:

— Sou a grande Rainha de Sabá e venho para render homenagens ao célebre Rei Salomão. Trago-lhe muitos presentes e joias.

O guarda me surpreendeu bastante ao dizer:
– Bem-vinda, Alteza.

Ele fez mais uma reverência, sem qualquer pergunta. Meus guardas e eu fomos conduzidos ao palácio, enquanto o restante do séquito era levado aos estábulos e a outras áreas para visitantes. Instruí um de meus servos para que nos seguisse, puxando em um carro um grande baú cheio de ouro e joias para dar a Salomão.

Quando entramos na sala do trono, o rei obviamente já fora avisado de nossa chegada, pois trajava suas túnicas mais finas e se sentara em uma cadeira suntuosa, com outra idêntica ao lado. Pediu-me que me sentasse para descansar após minha árdua jornada. Claro que não lhe disse que não sentia dor nem fadiga. Afinal, não era humana, mas o rei não precisava saber disso.

Mandei meu servo trazer o baú com os presentes e lhes ofereci a Salomão.

– Esta é uma oferenda por minha grande estima, após ouvir falar muito de sua sabedoria e de suas realizações.

Salomão demonstrou pouco interesse pelo tesouro à sua frente, mas prestava atenção a cada palavra e gesto meu. Disse:

– Agradeço-lhe pela imensa generosidade – um dos guardas dele arrastou o baú para ser acrescentado à grande riqueza de Salomão. – Enfim, por que fez essa longa viagem até Jerusalém?

– Para conhecer vossa majestade, claro – respondi.

– Só para me ver? Certamente não sou tão interessante, grande rainha – Salomão sorriu com modéstia suficiente para parecer real aquela negação, mas o homem obviamente sabia como era apreciado e encantador.

– Ora, mas discordo, meu rei. É um homem fascinante. Ouvi a respeito de sua sabedoria, sua riqueza e seu grande poder sobre a magia.

Ele perguntou:

– Interessa-se também pelas artes arcanas?

Fiz uma pausa para sentir algo de Salomão. Não captei nenhum truque ou maquinação de Samael nele. Percebi que Salomão era de fato um homem mortal, mas que vivia envolto em feitiçaria, usando-a no corpo como os outros usariam uma túnica. Fiquei intrigada.

– Sim, me interesso. Sou apenas uma humilde estudante, mas acho cativante a prática da magia. Tenho algum talento limitado.

Conversamos por horas a fio, e me senti tão à vontade com aquele homem que ele parecia para mim mais acessível do que muitos com menos riqueza ou poder. Ao cair da noite, o rei me disse que havia providenciado acomodações para mim e para meus servos, e que poderia ficar por ali o tempo que quisesse. Aceitei a oferta. Naquele momento, achei que ficaria no máximo uma ou duas semanas, mas o destino determinou que me apaixonasse total e verdadeiramente pelo Rei Salomão, e ele por mim. Estudávamos, trabalhávamos, governávamos e fazíamos amor. Quando nos casamos, experimentei a felicidade pela primeira vez em toda a minha existência. Ele escreveu um poema a meu respeito que consta tanto da Bíblia hebraica quanto da cristã. Era a primeira vez que alguém escrevera algo belo sobre mim.

Salomão revelou-me seu desejo de construir um templo para Yahweh, que seria superior a qualquer outro já existente. Os israelitas tinham a Arca da Aliança e outras relíquias sagradas para as quais ele queria dar um abrigo realmente especial. Lamentava não ter a mão de obra necessária nem o tempo para tal tarefa, pois o que ele tinha em mente exigiria milhares de homens e décadas para ser completado. Após vários anos juntos, resolvi dar ao meu amor um presente especial. Criei um anel com um selo, que posteriormente seria chamado de selo de Salomão. Seu intento mágico era proteger o dono e controlar forças demoníacas. Precisei usar o nome secreto de Deus, grande dose de meu poder e todo o conhecimento de feitiçaria para produzir o anel, mas, no aniversário de nosso casamento, presenteei meu marido com a minha criação. Ele o achou maravilhoso e sentiu a magia que emananava do selo.

– Que maravilha me deu, minha querida?

Colocou o anel no indicador da mão direita. Serviu perfeitamente.

– Algo que realizará seu desejo mais profundo – respondi com timidez.

Salomão me olhou com um sorriso enorme e pediu:

– Fale-me mais!

– Andemos até o monte onde quer construir seu Templo.

De mãos dadas, caminhamos até o local onde o rei queria erigir o Templo para Yahweh. Fiz um gesto para os guardas pararem antes de chegarmos ao destino; não queria que eles vissem tudo que ia acontecer. Antigamente, teriam hesitado, mas naquele momento já sabiam que podiam confiar em mim.

Disse a meu marido, delicadamente:

– Não tenha medo do que você irá ver. Seu anel nos protegerá e lhe dará o poder de controlar o que acontecer.

Não me preocupei muito com a reação de Salomão. Sabia que ele era um feiticeiro hábil, e que já vira muitos sortilégios e horrores na vida.

Estendi as mãos e liberei a magia. O poder sombrio em meu interior se esgueirou para fora de mim, noite adentro. Invoquei e abri o portal entre nosso mundo e o reino das trevas que criara para aprisionar os demônios da Índia, muito tempo atrás. Meu poder entrou em ação e os puxou para o mundo, apesar de mantê-los detidos.

O mais forte do grupo se pronunciou:

– O que deseja de nós, senhora?

Todos se curvaram em reverência, sabendo que podiam ser mandados de volta ao seu inferno particular a qualquer momento.

– Senhora? – Salomão repetiu, com um sorriso maroto. – Você vive me surpreendendo.

– Servos, este é meu marido, Salomão. Obedeçam a ele como a mim. Ele possui a forte magia que lhe dei e que o protege de vocês, além de permitir que os controle. Se não fizerem o que ele mandar, serão destruídos. Os que se portarem bem a serviço de meu marido poderão ser libertados um dia.

Todos assentiram em silêncio e voltaram os olhos para Salomão.

– Diga-lhes o que quer, meu querido. Obedecerão às suas ordens e, se pensar algo conscientemente, eles poderão visualizar por meio da magia que lhe dei.

– Muito bem... Quero construir um Templo grandioso neste local. Estou pensando onde estão as plantas para construção. Um de vocês deve ir lá buscá-las, sem desviar na ida ou na volta.

Um dos demônios desapareceu e reapareceu carregando as plantas do Templo.

– Comecem a construção!

Todos partiram para a ação e as obras do Templo foram iniciadas. Humanos completavam os detalhes durante o dia, mas, à noite, os demônios assumiam o trabalho e construíam a massa da estrutura. Em vez de décadas, o Templo levou apenas sete anos e meio para ficar pronto. No decorrer da obra, vários demônios se rebelaram e precisei destruí-los, mas a maioria continuou fiel. Por fim, libertei os mais valorosos, mas os impedi de ferir qualquer pessoa nos domínios de Salomão. Mandei de volta ao reino das sombras aqueles que não tinham se desempenhado tão bem.

Tomei o cuidado de não criar nenhuma Lilin enquanto vivi com Salomão, pois o amava demais para lhe dar uma prole que ele nunca conheceria. O rei tinha vários filhos das concubinas e eu os tratava como se fossem meus. No tempo em que passei com Salomão, não tive sonhos com o momento de minha criação. Eles pareciam ter sido extraídos provisoriamente do meu destino, para que eu pudesse me concentrar em uma vida temporária. Com o passar do tempo, fiz minha aparência envelhecer aos poucos, para que as pessoas não estranhassem meu eterno aspecto jovem. Fiquei com Salomão até ele falecer, quando então fingi minha morte, dias depois, para me livrar da corte e de deveres insignificantes. Antes, porém, tomei o cuidado de entregar o Reino àqueles que queriam governá-lo. Aos meus olhos, o Templo era um tributo ao nosso amor, mais que a Yahweh. Mas fiquei feliz por Salomão ter realizado seu maior desejo. Ele era um homem realmente bom e amável.

Posteriormente, voltei a Jerusalém quando o Templo estava sendo destruído pelos babilônios, que saquearam a cidade e exilaram os judeus. Ajudei um descendente de Salomão a resgatar a Arca da Aliança e transportá-la para a Etiópia. Mas essa é uma história para outra ocasião.

Capítulo 21

Mas Jesus respondeu: "A Escritura diz: 'Não tente o Senhor seu Deus'". Tendo esgotado todas as formas de tentação, o diabo se afastou de Jesus, para voltar no tempo oportuno.

Lucas 4: 12-13

Após a morte de Salomão, comecei a sonhar novamente. O sonho não se alterara: via minha criação, com Elohim flutuando sobre mim, dizendo-me que precisava concordar com algo que não conseguia discernir. Também a via colocar o fruto da Árvore do Conhecimento do Bem e do Mal em meu espírito, para que eu conhecesse a dualidade desde o princípio. Qualquer outra lembrança se apagara de minha memória. Vaguei, viajei por toda parte, mas não vi sinal de Samael, nem pistas para o meu destino ou sequer alguma dica do que deveria fazer com minha existência eterna. Prosseguia em minhas andanças, raramente me assentando em algum lugar por um período longo.

Cansei e, por fim, resolvi repousar como fizera na Suméria, muito tempo atrás. Encontrei um lugar chamado Betânia e lá me assentei, lembrando-me de minha vida com Salomão. Decidi, então, preparar uma figueira para abrigar meu espírito. Preparei-a com magia, assumi forma astral e me fundi com a madeira, saindo da consciência. Dormi sem sonhar. Dessa vez, não trabalhara a magia na árvore para ter visões, mas apenas para adormecer.

Enquanto dormia, desenrolou-se uma história da qual só fui saber muito mais tarde, mas merece ser contada por causa de sua relevância para com outros eventos. O povo judeu retornara a Jerusalém e à região ao redor. Houve muita revolta, muitos conflitos com outras nações, e o Templo fora reconstruído. Dali a algum tempo, os romanos vieram para conquistar a Judeia e manter a nação judaica sob seu controle.

Um jovem chamado Yeshua ben-Yusef (Jesus)[1] se destacara como mestre espiritual e profeta. Muitos acreditavam que fosse o Messias, vindo para salvar Israel dos romanos e de sua ocupação. Havia muitas facções. Alguns queriam uma revolução física e outros uma espiritual. Muitos não entendiam exatamente o que era o Messias e qual seria sua função. Na verdade, o termo Messias não significava o que todos pensavam. A palavra se traduz literalmente como "o ungido" e tem a ver com iluminação espiritual, não uma revolução física. Entretanto, as pessoas querem o que querem e não se importam com a verdade. Claro que eu nada sabia dessa comoção toda, pois dormia em minha figueira.

Um dia, Yeshua se afastou de seus discípulos e entrou no deserto, dizendo-lhes que voltaria quando terminasse suas preparações. Não comeu nem bebeu, e passou o tempo todo em oração e meditação. Por fim, quando seu corpo chegara à beira de um colapso, um espírito lhe apareceu. Esse espírito era Samael, o grande tentador e pai das mentiras. Meu adversário.

Samael lhe disse:

– Se você é mesmo o ungido, transforme esta pedra em pão.

Sabia que se conseguisse convencer Yeshua a usar seus poderes para ganhos próprios, ele, Samael, lhe dominaria o espírito e possuiria o corpo, usando-o para seus fins.

Yeshua respondeu:

– Está escrito: "Nem só de pão vive o homem".

Yeshua era sábio e compreendeu que a tentação oferecida por Samael visava ao alimento do ego e não do corpo.

Samael o transportou a um lugar alto e lhe mostrou, em um instante, todos os reinos do mundo. E lhe disse:

---

[1]. N.E.: Para manter a essência do autor, manteremos em seu texto o nome Yeshua para Jesus, como no original em inglês, o que não ocorrerá nas citações bíblicas nas aberturas dos capítulos deste livro, onde o leitor encontrará o nome de Jesus.

– Eu lhe darei toda a autoridade e esplendor. Tudo aquilo me pertence e posso dar a quem quiser. Se me venerar, será seu.

Yeshua retrucou:

– Assim está escrito: "Adorará a Yahweh/Elohim e a nenhum outro".

Samael o levou, em seguida, a Jerusalém e o colocou no ponto mais alto do Templo.

– Se é mesmo o ungido – disse –, salte daqui. Pois está escrito: "Aos seus anjos Ele dará ordem para protegê-lo; em suas asas eles o levarão para que seu pé não tropece em pedra".

Yeshua disse:

– Também está escrito: "Não tentará Yahweh/Elohim".

Yeshua era um excelente mago; por isso, poderia facilmente ter chamado os Anjos, mas sabia que, se fizesse o que Samael mandava, invocaria apenas forças trevosas e hostis.

Samael ficou extremamente frustrado e deixou Yeshua em paz, planejando voltar outro dia.

Capítulo 22

Viu de longe uma figueira coberta de folhas e foi até lá ver se encontrava algum fruto. Quando chegou perto, encontrou somente folhas, pois não era tempo de figos. Então Jesus disse à figueira: "Que ninguém mais coma de seus frutos". E os discípulos escutaram o que ele disse.

Marcos 11:13-14

Só soube do começo dessa história mais tarde, quando a vi registrada nos textos cristãos, mas como você perceberá, literalmente acordei.

Yeshua e seus discípulos estavam retornando de Betânia a Jerusalém, após visitar uma família que consistia em um irmão e duas irmãs. No caminho, pararam perto de um pomar em Betânia onde ficava a figueira na qual eu dormia. Alguma coisa naquela árvore atraiu a atenção de Yeshua. Só posso imaginar que sentiu minha presença dentro dela. Está escrito que ele disse: "Que ninguém mais coma de seus frutos"; mas, estando eu inconsciente, não sei se essas foram as palavras exatas. Muitos creem que ele amaldiçoou a árvore por não ter frutos, mas, como não era tempo de figos, acho que não foi isso que ele quis fazer. Creio que me abençoou e me protegeu do mal, dirigindo-se ao fruto do conhecimento do bem e do mal dentro de mim, mas não tenho certeza.

Só me lembro de acordar dentro da árvore e ver um grupo de homens judeus com roupas estranhas, em pé, ao redor do pomar onde eu dormia. Na verdade, os trajes me pareciam estranhos, porque dormira por séculos e muita coisa havia mudado. Os homens falavam aramaico, um dialeto um pouco diferente do idioma com que estava acostumada, mas, graças às minhas habilidades, aprendi rapidamente (como aprendia qualquer outra língua). Saí da árvore, ainda em forma espiritual, e observei a interação.

Para minha surpresa, poderia jurar que o homem chamado Yeshua me viu. A maioria dos humanos não discernia minha forma espiritual, a menos que me revelasse a eles, mas tive a certeza de que aquele homem, sim. Pendi a cabeça para um lado, tentando entender o que havia de diferente nele, e ele me mostrou um sorriso breve antes de retornar aos companheiros. Sob um exame mais apurado, captei ondas de energia que emanavam dele, mas não consegui me aprofundar. Era humano, mas diferente. A única ocasião em que sentira alguém com aquele tipo de poder fora em meus dias no Oriente. Deparei-me com praticantes espirituais que eram almas antigas em corpos extremamente sólidos de luz e de grande percepção. Concluí que Yeshua devia ser um desses seres, o primeiro que vi fora da Índia e das terras do Oriente.

Capítulo 23

Então, chegou uma mulher de Samaria para tirar água. Yeshua lhe pediu: "Dê-me de beber". (Os discípulos tinham ido à cidade para comprar alimentos.) A samaritana perguntou: "Como é que tu, sendo judeu, pedes de beber a mim, que sou samaritana?"

João 4:7-9

Segui esse Yeshua ben-Yusef e vi muitos milagres e outras coisas que as pessoas achariam difícil de acreditar. Parecia tratar de modo igual homens e mulheres, sem consideração por posições sociais. Também falava de amor e de compaixão, com a mesma naturalidade com que a maioria dos humanos falava de guerra. Nunca se dirigiu a mim, mas senti que reconhecia minha presença, embora eu fosse invisível a todos à sua volta. Achei-o um homem extremamente interessante e jurei que o seguiria para ter certeza de que Samael não pudesse intervir nos planos de Yeshua. Não sabia de seu paradeiro, mas tinha certeza de que cedo ou tarde ele exibiria sua cabeça sórdia para fazer algo horrível.

Os discípulos de Yeshua atravessaram uma cidade chamada Sicar, onde viviam os samaritanos. Acompanhei-o a certa distância, mas percebi que teria minha chance de interagir com o Profeta quando seus seguidores saíram em busca de alimentos. Ele estava de pé, diante do poço de Jacó no centro da cidade. Assumi a forma de uma mulher de Samaria carregando um pote com água e me aproximei do poço. Ignorei Yeshua, porque era inapropriado, naquela cultura, uma mulher conversar com um homem que não fosse seu parente; e os judeus desgostavam dos samaritanos porque os consideravam hereges.

Yeshua me disse:

– Dê-me de beber.

Espantei-me por ter se dirigido a mim, mas ainda mais por me pedir água. Retruquei:

– Como é que tu, sendo judeu, pedes de beber a mim, que sou samaritana?

Yeshua respondeu:

– Se conhecesse o dom de Elohim, e quem lhe está pedindo de beber, você é que lhe pediria. E ele daria a você água viva.

Respondi, aparentando confusão:

– Senhor, não tens um balde e o poço é fundo. De onde vais tirar a água viva? Certamente não pretendes ser maior do que o nosso pai Jacó, que nos deu este poço, e do qual ele bebeu com seus filhos e animais!

Yeshua disse:

– Quem bebe desta água vai ter sede de novo. Mas aquele que beber a água que vou dar, esse nunca mais terá sede. E a água que eu lhe darei, vai se tornar dentro dele uma fonte de água que jorra para a vida eterna.

– Senhor, dá-me dessa água, para que eu não tenha mais sede, nem precise vir aqui para tirar.

– Vá chamar seu marido e volte aqui.

Disse a ele:

– Não tenho marido.

Yeshua retrucou:

– Você tem razão ao dizer que não tem marido. De fato, teve cinco maridos.

Olhei-o, boquiaberta. Como sabia de meus cinco maridos? Fora casada com Adão, Samael, Fayiz, Sansão e, por fim, Salomão.

Assustada, disse a Yeshua:

– Senhor, vejo que és profeta. Nossos pais adoraram a Deus nesta montanha. E vocês, judeus, dizem que é em Jerusalém o lugar onde se deve adorar.

Yeshua afirmou:

– Mulher, acredite em mim. Está chegando a hora em que não adorarão Yahweh, nem sobre esta montanha nem em Jerusalém. Vocês adoram o que não conhecem, nós adoramos o que conhecemos, pois a salvação vem de Elohim, e os que adoram o farão em espírito e verdade.

Não compreendi perfeitamente ao que ele se referia, mas disse:

– Sei que vai chegar o ungido. E, quando chegar, nos mostrará todas as coisas.

Yeshua me disse:

– Esse ungido sou eu, que estou falando com você.

Seus discípulos retornaram e pediram que fosse comer, provavelmente para afastá-lo de uma samaritana. Mas, ao sair, ele se virou e sorriu para mim, como se compartilhássemos um segredo. Tive a nítida impressão de que sabia quem eu era.

Reassumi minha forma astral e continuei seguindo-os.

Capítulo 24

Judas lhes respondeu com o que queriam ouvir. E recebeu dinheiro e o entregou a eles.

Evangelho segundo Judas

NÃO RELATAREI tudo o que Yeshua e seus seguidores fizeram. Você pode ler a respeito no Novo Testamento dos cristãos e em várias obras gnósticas escritas entre os séculos I e II da Era Comum. Só incluirei aqui o que faz parte de minha história; por isso, não repito informações fáceis de se encontrar em outras fontes.

Tomei forma física e vivi no acampamento com os seguidores de Yeshua. O modo de vida deles era diferente da maioria no resto do mundo. Todos eram iguais, homens e mulheres, classes mais altas e mais baixas, realmente todos. Compartilhavam tudo e ninguém era abandonado ou deixado para trás. Nos séculos após sua morte, as igrejas construídas em seu nome fizeram um péssimo trabalho, em vez de seguir seu exemplo. Yeshua aceitava literalmente todos e só julgava se alguém ferisse a si mesmo ou aos outros. Não criou uma lista de pecados, nem jamais proclamou a superioridade de uns sobre outros. Seu credo era, de fato, amor a todos de modo igual. Chamaria muitas dessas igrejas posteriores pelos mesmos nomes que usava para os fariseus daquela época: serpentes, sepulcros pintados de cal e outros insultos.

Outro fato de que me lembro é que Yeshua nunca afirmava ser mais que um ser humano. Declarava ser o "ungido" profetizado, mas dizia aos seguidores que eles eram capazes de fazer tudo o que ele fazia, até mais. Era uma pessoa humilde, amável, que queria apenas que todos vivessem em harmonia e o seguissem de volta a Yahweh/ Elohim. Ele e seus seguidores se consideravam uma seita do Judaísmo, e não uma nova religião. Queria as pessoas livres, não presas por mais amarras ainda.

Sei que alguns acharão isto perturbador, mas Yeshua tinha uma esposa. Ele era um rabino judeu, e não poderia ser considerado como tal sem ser casado. Naquela cultura, isso era imperativo. O nome dela era Maria, chamada de "Torre do Rebanho". Uma mulher bonita, que passara por muitas provações, até se tornar tão amada quanto o próprio Yeshua. Vista como sua igual e colega de trabalho, Maria enchia nosso acampamento de energia, música e dança. Amei os dois como meu irmão e minha irmã.

Os ensinamentos de Yeshua e Maria não agradavam os romanos, nem os judeus do conselho. Ambos os grupos os consideravam rebeldes e hereges, que desafiavam o poderio romano e as tradições judaicas. Essa percepção provavelmente estava certa – não porque quisessem iniciar uma rebelião, mas porque nem os romanos nem os judeus defendiam as ideias de igualdade e de compaixão. As autoridades só se importavam com a obediência estrita às leis, ainda que apenas na aparência. Tramas começaram a ser urdidas para colocar Yeshua sob custódia e até matá-lo.

Antes da Páscoa, vi Yeshua conversando com seu discípulo Judas. Yeshua parecia o otimista costumeiro, enquanto os modos de Judas revelavam preocupação. Pela primeira vez, ouvi um discípulo erguer a voz para ele, dizendo:

– Não posso.

Judas correu para fora do recinto, aos prantos. Um dos homens se levantou para ir atrás dele, mas Yeshua indicou que ficasse. Decidi não interferir. Confiava implicitamente em Yeshua e Maria.

Quando ele e os discípulos se reuniram para rezar, senti que havia algo estranho. As mulheres também faziam uma sessão de prece e de meditação, e aleguei que não me sentia bem e queria voltar à tenda. Um pouco afastada, assumi minha forma espiritual e segui os homens que saíam para os lugares públicos, onde as mulheres seguidoras de Yeshua não estariam em segurança. Foram ao jardim e fizeram vigília. Yeshua permanecia acordado e em oração, mas os outros homens adormeceram várias vezes. Notei que Yeshua estava preocupado; queria muito saber qual era o problema, mas me mantive vigilante e jurei que o protegeria.

Yeshua afastou-se diversas vezes, mas, por fim, voltou até os discípulos e lhes disse:

– Ainda dormem e descansam? Vejam, chegou a hora e o Filho do Homem será entregue às mãos dos pecadores. Levantem-se! Preparemo-nos. Aí vem meu traidor!

Enquanto ele ainda falava, Judas chegou. Com ele veio uma tropa de homens armados com espadas e clavas, enviados pelos sacerdotes chefes e anciões do povo.

– Saudações, rabino! – disse Judas, dirigindo-se a Yeshua, e o beijou.

Logo percebi que ele estava possuído por Samael. Parecia a mesma coisa que fizera tantos anos atrás com Sansão. Horrorizada, adiantei-me para interceder. Ouvi a voz de Yeshua em minha cabeça, dizendo: "Não interfira. Isso deve acontecer". Senti-me paralisar, incapaz de me mexer ou fazer qualquer coisa para ajudar.

Yeshua disse a Samael:

– Faça o que veio fazer, amigo.

Os guardas prenderam Yeshua e o levaram à cidade. Samael observou a cena com um sorriso malévolo no rosto, crente de que vencera. Assim que se foram, perdi a consciência e não me lembro de mais nada até despertar dali a alguns dias.

Capítulo 25

E Jesus perguntou: "Mulher, por que você está chorando?" Maria pensou que fosse o jardineiro e disse: "Se foi o senhor que levou Jesus, diga-me onde o colocou, e eu irei buscá-lo". Então Jesus disse: "Maria". Ela virou-se e exclamou em aramaico: "Raboni!"

João 20:15-16

Acordei de meu sono desorientada e confusa. Precisei de alguns minutos até me lembrar do que ocorrera. Por que tinha desfalecido? Yeshua causara aquilo? Mas por quê? Não tinha certeza, mas sabia que deveria correr e tentar consertar o que estava acontecendo. Samael mais uma vez espalhara seu horror no mundo e nenhuma daquelas pessoas merecia sofrer suas imposições.

Fui procurar Judas, já que fora o último veículo de Samael. Encontrei-o morto, pendurado pelo pescoço em uma árvore, com as entranhas escorrendo ao chão. Só podia imaginar que Samael já o usara e descartava agora seu corpo como um traje velho, deixando Judas tão abalado com o que fizera que acabou se matando. O cadáver era uma visão horrível e senti muita pena daquele homem, usado sem misericórdia.

Ampliei minha percepção, mas não encontrei Samael nem Yeshua. Localizei, porém, Maria, esposa de Yeshua. Voei até ela. Sentava-se em um jardim usado para sepultamentos recentes. Quando só sobrassem os ossos, os corpos seriam levados a sepulcros pequenos, para depois serem guardados nos cemitérios das famílias.

Quando vi a angústia no rosto de Maria, compreendi que chegara tarde demais. Assumi forma humana e prostrei-me no chão, chorando. Maria estava abalada demais para me ver ou notar qualquer coisa ao seu redor.

    Levantei-me e fiquei atrás de Maria, do lado de fora da tumba. Enquanto ela chorava, curvou-se para espiar dentro e viu dois anjos de branco, sentados onde estivera o corpo de Yeshua, um aos pés e o outro à cabeceira. Reconheci-os; eram Metatron e Sandalfon, anjos supremos de Yahweh e Elohim. Quase nunca apareciam para humanos e, por isso, não entendi por que se mostraram a Maria. Perguntaram-lhe:

    – Mulher, por que está chorando?

    – Levaram meu Senhor – ela disse. – E não sei onde o puseram.

    De repente, ela se virou e viu Yeshua à sua frente, mas não o reconheceu. Fiquei perplexa, pois Yeshua não tinha mais um corpo mortal. Possuía um corpo de luz, muito parecido com o de minha forma espiritual, porém com um brilho muito mais forte que o meu. O aspecto era magnífico.

    Ele perguntou a Maria:

    – Mulher, por que você está chorando? Quem você procura?

    Pensando que fosse o jardineiro, ela pediu:

    – Se foi o senhor que o levou, diga-me onde o colocou e irei buscá-lo.

    Yeshua disse:

    – Maria.

    Ela se aproximou e exclamou em aramaico:

    – Raboni!

    Yeshua pediu:

    – Não me segure, porque ainda não voltei para o Pai. Mas vá dizer aos meus irmãos: "Subo para junto de Yahweh, do meu Deus que é o Deus de vocês".

    Com lágrimas de alegria, Maria correu.

    Ajoelhei-me na grama, chorando de gratidão por não ter fracassado e por Yeshua se reencontrar com seu amor. Minha criação, Samael, não conseguira arruinar mais uma vida. Sentia-me muito feliz ao saber que Yeshua e Maria não passariam pela dor por que passei.

Subitamente, Yeshua desapareceu um instante, e reapareceu, olhando-me.

– Querida Lilith. Reconhece-me?

– Sim, claro. É Yeshua, o ungido.

– Sim, mas olhe com mais atenção e veja quem fui.

Observei-o, intrigada, seguindo suas instruções. Com meu poder, olhei mais fundo e penetrei através de sua magia para enxergar, de fato.

– Você... Você é Adão! – exclamei, estupefata.

– Sim, minha cara. Sou Adão renascido depois de muitas e muitas vidas. Sou Adão e Yeshua. Provavelmente não reconhece Maria também. É Eva renascida, como eu sou Adão.

As lágrimas rolaram e chorei tanto que mal podia enxergar. Tanta coisa se passara e, no entanto, Adão e Eva ainda estavam bem. Na verdade, mais que bem. Tinham se tornado perfeitos.

Quando me acalmei um pouco, Yeshua tornou a falar:

– Samael, pode sair. Quero conversar com você.

Congelei de medo e raiva quando Samael tomou forma a uns dois metros de nós. Estivera escondido, claro, observando os acontecimentos. Curara-se completamente depois de nosso encontro no Mar Vermelho, mas parecia diminuído, como uma criança que roubou em um jogo e é pega pelo adulto que viu.

– Samael, meu irmão, não tema. Não lhe farei mal.

Samael parecia realmente assustado pela primeira vez em toda a sua existência.

– Você está vivo – disse.

– Sim, vivo e mais que vivo. Sou o que os humanos se tornarão: iluminado e livre das limitações terrenas. Em parte, devo isso a vocês dois – acrescentou Yeshua, desviando o olhar de Samael para mim.

– Por que deve a nós? Nada fizemos além de lhe causar dor. É tudo minha culpa. Se não tivesse ficado infeliz e fugido do Éden, nada disso teria acontecido.

Yeshua disse:

– Exato. Você fez exatamente o que Yahweh e Elohim a criaram para fazer.

– Não... não compreendo.
Yeshua estendeu a mão e disse:
– Lembrem-se.
Samael e eu perdemos a consciência e entramos no mesmo sonho.

Capítulo 26

E Deus [Elohim] criou o homem à sua imagem; à imagem de Deus [Elohim] o criou; e os criou homem e mulher.

Gênesis 1:27

No sonho, Samael ainda era parte de mim e retornei à minha criação. Estava deitada no chão e Elohim flutuava acima de mim. Enxerguei Adão ao meu lado, mas não se encontrava totalmente formado, e sua alma ainda não "vivia".

– Você é minha filha, Lilith, e eu a amo muito.

– Obrigada, Mãe.

Embora acabasse de ser criada, parecia saber muitas coisas. Tinha uma compreensão inata que devia ter sido imbuída em minha natureza. Física, mental ou espiritualmente, não era uma criança.

– Minha querida, tenho de lhe pedir muito. Mas sei que é forte e capaz.

– O que quer de mim, Mãe?

– Yahweh e eu examinamos as possibilidades do que se tornará nossa criação. Não queremos autômatos sem mente. Desejamos filhos que possam ser indivíduos, que experimentem todos os tipos possíveis de vida e que retornem a Yahweh/Elohim com uma decisão consciente, tornando-se plenos. Infelizmente, isso não é tão fácil como parece.

Fez uma pausa e olhou-me só com amor. Vi Yahweh atrás dela. Enquanto ele era raios e fogo, ela era luz e sombra. Yahweh participara de nossa criação. Não sabia disso, só me lembrava de Elohim.

Ela prosseguiu:

– Preciso lhe pedir algo que será terrivelmente difícil. Deverá cumprir um papel necessário para forçar os seres humanos ao seu potencial pleno. Não o alcançarão só com meu amor e o amor de Yahweh. Precisam de adversidade. Quero que você esteja disposta a ser essa adversidade. Será difícil, e você sofrerá dores imensuráveis. Se não quiser, compreendo; mas deve ser sua escolha. Estarei com você o tempo todo, mas não saberá disso. Ficará completamente sozinha e isolada. Nem posso pensar no sofrimento que terá de enfrentar, mas sem ele a humanidade está perdida. Nunca será o que precisa ser.

Fixei o olhar nela, vendo o amor inquestionável de minha mãe por mim.

– Farei o que for preciso.

– Sabe o que isso significará? – ela me perguntou.

– Sim.

– Escolhe sofrer para salvar a humanidade e nos trazer de volta todos os nossos filhos?

– Escolho.

– Muito bem, minha querida.

Vi Elohim apanhar o fruto da Árvore do Conhecimento do Bem e do Mal e inseri-lo em meu corpo espiritual.

– Isto lhe dará o poder da vontade a partir do momento em que acordar no jardim – em seguida, ela fez jorrar luz e sombra do próprio corpo para o meu. – Agora será minha filha verdadeira. Uma representação minha em todos os lugares para onde for. Terá a habilidade para criar e tirar vidas.

Yahweh aproximou-se e espargiu relâmpagos e fogo de seu corpo para o meu. Disse:

– Isso fará de você minha filha verdadeira. Uma representação minha em todos os lugares para onde for. Terá a habilidade para enxergar as almas e controlá-las.

Elohim tomou meu campo de visão enquanto se inclinava para me sussurrar o nome secreto de Deus.

– Saberá quando usar o nome secreto. Não se lembrará de nada disso até o momento certo. Acordará no jardim achando que é igual a Adão, sem saber que foi criada em primeiro lugar e com um propósito especial. Será a adversária dele, mas também a salvação. Durma agora e, embora não se lembre, nós a amamos com todo o nosso coração.

Quando dei por mim, estava acordada no jardim e com Adão. Vivíamos juntos, mas me sentia muito sozinha. Percebia que ele queria me dominar, mas eu não queria ser dominada. Devíamos ser iguais. Por isso, pronunciei o nome secreto de Deus e rumei para Nod.

Com um lampejo na memória, lembrei-me de tudo que se passara em minha longa existência, de todas as vezes em que me senti sozinha e escolhi a escuridão. Descobri que Elohim estivera comigo o tempo todo. A presença dela habitava em mim, mas a Árvore do Conhecimento do Bem e do Mal me impedia de senti-la. A solidão e o isolamento eram falsos, mas necessários. Precisava me sentir sozinha para me separar de Samael. Ambos éramos necessários para impulsionar o potencial da humanidade.

Finalmente compreendi meu destino. Fora criada com o único propósito de forçar a humanidade a se aperfeiçoar. O próprio Samael fora necessário, em todo o seu horror. Provou-se vital para os homens e as mulheres, permitindo-lhes enxergar seus desejos sombrios e querer melhorar. Nós, Samael e eu, éramos aquela parte de todo ser humano que se sentia só, separada, inútil e sem esperança. Essa é a verdadeira centelha que impele todos a querer ser mais, encontrar amor e fazer do mundo um lugar melhor. Fomos exatamente o que devíamos ser.

Acordei e encontrei Samael ao meu lado. Levantamo-nos e vimos Yeshua conosco.

– Compreendem agora? Sempre tiveram um propósito e foram exatamente aquilo que Yahweh e Elohim os criaram para ser.

Samael arregalou os olhos, incrédulo.

– Quer dizer que me perdoa? Depois de tudo o que fiz a você e Eva?

Yeshua sorriu e disse:

– Irmão, não há o que perdoar. Vocês dois foram o que deviam ser. Não tiveram muita escolha. Receberam os sentimentos de raiva e solidão como única realidade. Tinha de ser assim. Você e Lilith são exatamente aquilo de que Eva e eu precisávamos para voltarmos como Maria e Yeshua. Nossa iluminação e libertação ocorreram graças a vocês!

Estupefatos, Samael e eu nos entreolhamos. Meu ódio por ele esmoreceu, e comecei a vê-lo como uma criação de nossas circunstâncias. E, por fim, livrei-me do ódio que tinha de mim mesma por criá-lo a partir de meu desejo de ter amor. Tudo passou, e vi a transformação ocorrendo em mim e nele.

Yeshua ergueu as mãos para nós dois e disse:

– Benditos sejam, meu irmão e minha irmã. Vocês são o Pai das Trevas e a Mãe das Trevas. É hora de voltarem para casa e deixarem que o fruto da Árvore do Conhecimento do Bem e do Mal se torne o fruto da Árvore da Vida.

De Yeshua emanou uma energia que atingiu a Samael e a mim. Ficamos paralisados e vimos nosso passado, presente e futuro ao mesmo tempo. De súbito, era simultaneamente Lilith, a garota magoada e solitária, o demônio e anjo da morte, o anjo vingador e a Mãe das Trevas de todos os que usam seu conhecimento de dor e separação para ajudar todos os seres a encontrar o caminho da verdade. Também Samael enxergou a si mesmo: o garoto sem emoção, o demônio raivoso controlador, o diabo ou acusador e, por fim, o Pai das Trevas de todos os que usam seu conhecimento de dor e anseio para auxiliar todos os seres a encontrar o caminho da verdade.

Éramos tudo isso e mais. Fôramos criados para impulsionar a humanidade em sua evolução espiritual e continuaríamos nesse serviço enquanto a humanidade existisse. Entretanto, agora teríamos a escolha de como nos apresentar. Poderíamos optar por qualquer de nossos aspectos e encontrar os humanos do modo que eles nos esperavam ou precisavam. Alguns se aproximariam de nós em busca de respostas e, sem perceber, canalizariam nossa energia; outros nos procurariam deliberadamente, compreendendo quem somos e o que oferecemos.

    O momento mais esclarecedor foi quando entendi que Adão, Eva, Samael e eu fazemos parte do mesmo quadro. Todos os homens e mulheres nos têm dentro de si, e a chave de seu futuro é equilibrar e elevar seus escombros para que se tornem quem deveriam ser. Regozijei-me pela chance de ajudá-los.

Capítulo 27
Conclusão

Minha história está longe de terminar, mas encerro minha narrativa aqui. Cabe a você decidir agora: sou mulher, demônio ou deusa? Espero que, após ter lido a história, perceba que sou tudo isso e muito mais. Espero que compreenda que você também é homem ou mulher, anjo ou demônio, e deus ou deusa. Todos somos os mesmos, na verdade, filhos de Deus em nossas manifestações, com nosso equilíbrio de fraqueza e força. E estamos destinados a retornar ao nosso Eu superior.

Nos últimos dois mil anos e pouco, vi muitas coisas: grande horror e grande beleza. Tudo moldou a humanidade e aproximou este mundo de seu propósito. Ainda há muito a fazer, e espero que esteja disposto a seguir uma jornada semelhante, pois pode ajudar a melhorar o mundo para que todos os seres tenham as mesmas chances de vida e de amor. Adão, Eva, Samael, minhas filhas, os filhos de Samael e eu estamos aqui com você em muitas formas e muitos aspectos, prontos para encontrá-lo sempre que precisar de nós. Podemos ser severos e agressivos, ou calmos e amáveis. Você escolhe. Saiba que, quando causamos o caos em sua vida, não é para puni-lo, e sim guiá-lo e mostrar-lhe possibilidades. Às vezes, a dor e o sofrimento são necessários para gerar a verdadeira percepção.

Devo dizer que, nos séculos XX e XXI, gosto de ter uma reputação melhor que em gerações anteriores. Testemunhei o advento dos Festivais Lilith, personagens de histórias em quadrinhos, filmes e programas de televisão que me adotam, tanto em minha escuridão quanto em minha beleza. Mas até hoje são poucos os que sabem de fato quem sou, porque ainda não me experimentaram pessoalmente. Ofereço-lhe uma chance de me conhecer. Não prometo que será fácil, mas, sem dúvida, fará a viagem da sua vida.

Com meu amor sombrio,

Lilith

Terceira Parte:
Experienciando Lilith

Por que Lilith?

Já me perguntaram numerosas vezes por que tenho tanto amor por Lilith. Minha resposta é muito simples. Descobri que Lilith é o aspecto de Deus que me conhece melhor e que me força (às vezes com chutes e gritos) a fazer mudanças. Lilith conheceu a dor e sente nosso sofrimento, mas, ao mesmo tempo, ela é uma força que exige que nos levantemos e cresçamos por meio da experiência. O relacionamento com ela pode ser turbulento, porque Lilith não aceita desculpas nem apatia. Pode virar sua vida de cabeça para baixo, se necessário, para chamar sua atenção e acordá-lo. Tive essa experiência e não a trocaria por nada no mundo, pois a presença dela em minha vida foi o que mais contribuiu para o meu despertar espiritual.

Como se Aproximar de Lilith

O primeiro requisito para se aproximar de Lilith é preparar-se para mudança e transformação. Se não estiver disposto a enxergar sua escuridão pessoal e lidar com essa escuridão, não trabalhe com Lilith, porque ela não o deixará ignorar tais coisas. O segundo requisito é estar aberto para a empatia com os outros e nunca se colocar em um pedestal, acima de todos os seres. Ela é o espírito daqueles que foram abandonados e marginalizados; por isso, não aceita nenhum tipo de racismo, sexismo, etc. O terceiro requisito é você ser condizente com suas interações. Ela não admite que a ignorem – portanto, se começar a trabalhar com ela, não a ignore nem cesse sua devoção por nenhum motivo.

Para honrá-la, sugiro um altar com uma imagem de Lilith em cima. Ela tem relações profundas com corujas e cobras; por isso, pode usar alguma imagem assim também. Reze para ela todos os dias, pedindo-lhe que seja misericordiosa e lhe mostre onde precisa crescer e como se transformar. Agradeça-lhe pelo que vai lhe fazer e diga que a ama e é devotado a ela (mas uma palavra de alerta: não finja nem minta, pois Lilith não tolera isso; seja sincero ao falar do que sente). Lilith aceita oferendas, mas sei que nosso amor e dedicação a ela representam a maior oferenda que podemos dar. Estabelecido o relacionamento, assim que começar sua transformação, ela será uma grande fonte de força e uma protetora implacável.

Selo, Velas e Óleos de Lilith

Há vários selos para Lilith, mas o que aparece anteriormente é o mais comum. Uma prática consiste em imprimir a figura e colá-la em uma vela de sete dias (dentro de um vidro) ou no castiçal, e colocar a vela sobre um altar simples. A vela de Lilith normalmente é vermelha (simbolizando fogo, paixão e a esfera cabalística de Gevurah) ou preta (que simboliza o vazio, a escuridão e a esfera cabalística de Binah), mas outras cores podem ser usadas, conforme a inspiração. Além disso, você pode comprar velas com o selo ou a imagem. Ao meditar ou rezar para Lilith, acenda a vela e focalize a imagem ou o selo, desejando a presença dela. Há óleos próprios para a comunicação com Lilith que podem ser acrescidos à vela, que ajudam a invocá-la e fortalecem a invocação. Você também pode acender um incenso (geralmente mirra, sândalo, rosa, dittany de Creta – *dictamnus* – ou sangue-de-dragão – que são associados com Lilith e a esfera cabalística de Malkut).

Oferendas

Em muitas tradições, é comum fazer uma oferenda a uma deidade quando ela é invocada. Você pode ofertar a Lilith flores (as melhores são os lírios, mas podem ser rosas; ambas associadas com ela e a esfera cabalística de Malkut), álcool, velas e óleo, mas, no fim das contas, Lilith quer que a oferenda seja mesmo você, para se transformar e também servir como suas mãos e pés no mundo. Repito aqui: se não estiver aberto para o caminho da autotransformação, não invoque Lilith. Ela o forçará a ver sua escuridão interior e buscar mudança, custe o que custar. É ao mesmo tempo a bênção e a maldição de Lilith. No fim, valerá a pena, mas uma viagem insana o aguarda.

A Aparência de Lilith

Lilith aparecerá a você de diversas formas, baseadas naquilo de que você precisa e no que espera. Geralmente seus cabelos são ruivos ou pretos e os olhos verdes brilhantes. Aparece também em sonhos e visões como uma grande coruja. Não se surpreenda se a imagem assumida lhe parecer familiar. Se você a procura é porque já houve algum tipo de contato anterior no subconsciente e talvez a reconheça imediatamente. Esse contato interior pode ter ocorrido em sonhos, na cultura popular ou apenas como uma vaga impressão. É possível que também apareça em alguma forma assustadora, mas isso ocorre se houver alguma coisa em você da qual está se escondendo e ela queira que se revele por meio da experiência visual. A presença de Lilith é uma bênção, mesmo que aterradora ou chocante; portanto, não hesite em tentar de novo, se for o caso.

Prece e Invocação

Quando se sentir à vontade com Lilith, pode escrever suas preces e invocações, mas dou aqui um exemplo que você pode usar enquanto se acostuma a trabalhar com ela. Lembre-se de que não há uma fórmula ou uma prescrição exata para o trabalho com nossa Mãe das Trevas. São apenas exemplos e ideias.

Lilith, Lilith, Lilith*
Eu a invoco, Mãe das Trevas
Para que venha e esteja comigo
Chamo-a para me envolver com suas asas negras
Acolher-me em sua luz brilhante
Busco seu poder de transformação
Por favor, venha a mim e me guie em seus caminhos
Você é a Deusa da Noite,
A Senhora da Lua,
E a Rainha das Trevas
Mas é também amor e compaixão
Entrego-me a você
E rezo para que seja feita sua vontade.

*Agradeço-lhe pelo que vai fazer
Dou-lhe meu amor e devoção
Lilith, Lilith, Lilith**
*Lilith, Lilith, Lilith pode ser dito, cantado ou entoado, dependendo do bem-estar do iniciado.

Selo e Entoação

Apague todas as luzes (exceto uma vela, preferencialmente com uma imagem de Lilith ou seu selo, já preparada com óleo dedicado a ela). Respire fundo e comece a entoar o nome de Lilith repetidamente, de um modo rítmico. Esvazie a mente de outros pensamentos e enfoque o nome. Por fim, terá lampejos de cenas ou palavras na mente. Quando sentir que a comunicação com ela se completou, concentre-se novamente na respiração e anote o que aprendeu da sessão. Essa prática pode ser feita com outros selos e nomes, tais como Na'amah, Pombagira (no coletivo ou uma específica) ou outra Mãe das Trevas.

 Meditação partzuf – partzuf é a palavra hebraica para personalidade. Uma meditação partzuf é aquela em que nos deparamos com um aspecto de Deus. Apague todas as luzes (exceto uma vela, preferencialmente com uma imagem de Lilith ou seu selo, já preparada com óleo dedicado a ela). Sente-se em posição confortável e respire fundo. Inspire e expire, concentrando-se nesse ato. Sinta todas as partes de seu corpo relaxar. Dali a algum tempo, imagine-se em um vazio escuro, calmo, tranquilo e confortável. Mentalmente, invoque Lilith. Imagine seu ambiente mudando; talvez se veja na natureza, à noite e com a Lua cheia brilhando acima de você, ou dentro de um castelo velho e escuro, iluminado por centenas de velas. Enquanto o cenário toma forma, ouça Lilith chamá-lo. Imagine-a aparecendo à sua frente. Deixe-a se manifestar na forma que ela quiser. Agradeça-lhe por se encontrar com você e, depois, espere-a falar. Escute o que ela tem a dizer. Quando a visão terminar, deixe a consciência retornar ao presente, concentre-se na respiração e, por fim, abra os olhos. Anote tudo o que aprendeu da jornada. Essa meditação pode ser feita com qualquer aspecto de Lilith (incluindo Na'amah, uma Pombagira ou outra Mãe das Trevas). Você pode aprofundar a prática se visualizar Lilith entrando em seu corpo, ajudando-o a ver sua própria consciência e a dela.

Invocação

Invocação de Subir pela Árvore da Vida – costumo usar uma invocação chamando a energia de Lilith sobre a Árvore. Após acender uma vela com sua imagem (e/ou selo) e usar um óleo a ela dedicado, entoo isto três vezes:

Na'amah, Pombagira, Lilitu

imaginando minha consciência subindo pela Árvore desde Malkut até Yesod, e prosseguindo para Binah (uma alternativa é Descer pela Árvore das Sombras). Digo, então:

> Na'amah, Pombagira, Lilith, eu a invoco e solicito sua presença. Quero invocar seu poder transformador. Dê-me força e vontade para realizar o que deve ser realizado. Aceite meu amor e devoção, e alimente minha paixão para que eu me una a você. Deixe-me ser seu veículo neste mundo. O que disser, assim será!

Caminhada no Cemitério

Um dos papéis primários de Lilith é o da força de transformação. Embora as transformações ocorram de diversas maneiras, encarar a morte é um passo-chave em nosso caminho. Se a morte é um assunto difícil para você, talvez seja melhor postergar essa prática até que já tenha trabalhado com Lilith por algum tempo.

Encontre um cemitério próximo, onde se sinta à vontade para caminhar sozinho. Ao entrar, jogue algumas moedas como oferenda aos espíritos que guardam o cemitério. Peça licença e agradeça-lhes por seu serviço aos vivos e aos mortos.

Comece por um ponto do cemitério e atravesse-o todo, imaginando Lilith ao seu lado. Observe algumas lápides; repare os nomes, datas e outros detalhes. Se alguma sepultura chamar sua atenção, demore-se um pouco nela, meditando sobre a pessoa ali enterrada e como teria sido sua vida. Peça que Lilith auxilie a alma do falecido e ajude também você em sua jornada.

Quando se sentir à vontade, encontre um local no cemitério para se posicionar, em pé ou sentado. Medite no fato de estar vivo e bem. Comece a aceitar que um dia seu corpo pode ser um daqueles no cemitério, mas sua alma continuará. Visualize Lilith abraçando-o com suas asas negras, protegendo sua alma do todo o mal. Embora seu corpo hoje habitado um dia se desintegre, sua alma perdurará e Lilith será sua guia.

Se você acredita em reencarnação, imagine que isso já lhe aconteceu várias vezes e acontecerá ainda mais. Você habita um corpo, que um dia morre e é enterrado; mas você continuará a existir. Imagine Lilith sempre por perto, guiando seus passos seguintes.

Quando estiver pronto, apague as imagens mentais e agradeça a Lilith por sua presença e proteção. Saiba que está com você o tempo todo e que, haja o que houver, estará protegido pela Mãe das Trevas.

Rito da Lua

Em muitas lendas, e especificamente na Cabala, a Mãe das Trevas é associada com a Lua. À noite, quando todas as criaturas das sombras vagueiam pelo mundo e os sonhos dominam, esse é o momento dela. Em uma noite clara, com a Lua Cheia visível, você pode fazer um rito de autoiniciação a Lilith, dedicando-se ao caminho da Mãe das Trevas. Isso feito, não há como voltar. É um devoto de Lilith. Prepare-se para mudanças em sua vida.

Se tem certeza de que deseja ser devoto da Mãe das Trevas, saia para a natureza (onde não se importe de ser visto) sob a luz do luar. Tire os sapatos e sinta a terra sob os pés; olhe para o céu noturno. Veja o vazio da escuridão que é iluminada pela face da Lua.

Entoe a seguinte invocação três vezes:

Lilith acima; Na'amah abaixo
Senhora da Lua e Rainha das Sombras
Dedico-me a você
Minha vida e transformação estão em suas mãos
Torno-me seu veículo neste mundo
Levando sua luz escura àqueles à minha volta

Procuro seu poder
Procuro me tornar meu Eu verdadeiro
E me submeto à sua vontade.
Sou seu e você é minha;
Sou um de seus filhos, agora e sempre.

Depois da terceira vez, diga: "Como foi dito, que seja feito".

Terminada essa entoação, agradeça a Lilith por seu amor e aceitação. Agora você está dedicado a ela, e Lilith realizará mudanças imensas em sua vida e em sua consciência. Talvez leve vários dias até começarem os efeitos, mas eles virão. Algumas pessoas gostam de reconhecer sua dedicação a Lilith fazendo uma tatuagem de seu símbolo ou nome, ou comprando um colar ou anel que a represente, ou ainda adquirindo/criando alguma outra forma de representar essa devoção.

Ferramentas Ritualísticas

As ferramentas ritualísticas usadas na Cabala são muito semelhantes àquelas utilizadas em outras escolas de magia. Esmiuçamos aqui cada uma, sua função e correspondência sob o ponto de vista cabalístico. Essas ferramentas podem ser usadas em oração, meditação e ritual para ajudar no seu trabalho com Lilith.

Faca ou Athame (Ar, Leste, Severidade)

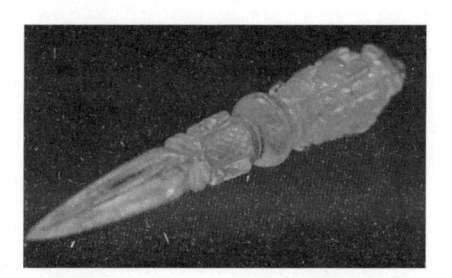

A faca pode ser um Athame (faca) tradicional ou uma Phurba (faca ritual budista de três lados). Será o que você mais apreciar e tiver condições de adquirir. Costuma ser feita de metal ou cristal, mas simbolicamente qualquer coisa com uma borda serve.

Taça ou cálice (Água, Oeste, Misericórdia)

A taça pode ser um cálice (taça, xícara) tradicional ou uma Kapala (taça budista em forma de caveira). Será o que você mais apreciar e tiver condições de adquirir. Costuma ser feita de metal, madeira, pedra, cristal ou osso, mas simbolicamente qualquer coisa que comporte líquido serve.

Varinha (Fogo, Sul, Misericórdia)

A varinha pode ser um galho de árvore tradicional ou algo feito de cristal. Será o que você mais apreciar e tiver condições de adquirir. Costuma ser feita de madeira, pedra, ou cristal ou osso, mas simbolicamente qualquer coisa que aponte serve.

Pentáculo (Terra, Norte, Severidade)

O pentáculo pode ser um pentagrama tradicional ou qualquer objeto em forma de disco. Será o que você mais apreciar e tiver condições de adquirir. Costuma ser feito de madeira, pedra ou cristal, mas simbolicamente qualquer coisa plana e circular serve.

Bola de Cristal (Espírito, Para Cima/Para Baixo/Dentro, Compaixão)

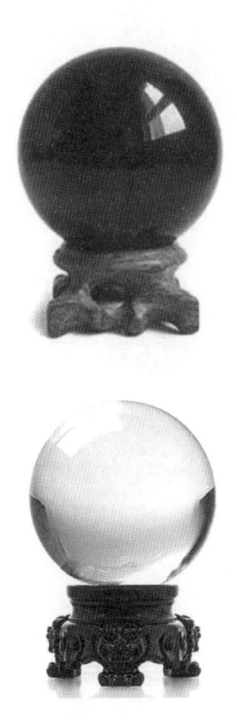

A bola de cristal pode ser qualquer objeto esférico usado para a prática de *scrying* ("ver" o futuro). Será o que você mais apreciar e tiver condições de adquirir. Costuma ser feita de cristal ou pedra, mas simbolicamente qualquer objeto esférico serve.

Estatuetas

A estatueta ou as estatuetas no altar são representações de divindade. Escolha uma que seja uma boa representação de como você vê Lilith. Pode ser de qualquer cultura ou até mesmo uma estatueta que não representa nenhuma deidade; mas deve simbolizar a ideia que você tem dela.

Vela

Nos rituais cabalísticos, sempre há pelo menos uma vela para iluminar e também para representar o Espírito Mãe e sua magia como parte da cerimônia. Em muitas ocasiões, são usadas três velas. Simbolicamente, elas são colocadas desta maneira: branca à direita, preta à esquerda e vermelha no centro. Essas três cores e posições representam os três pilares da Árvore da Vida: Misericórdia, Severidade e Compaixão. Entretanto, você pode usar quantas velas quiser, desde que a simbologia faça sentido para você.

As ferramentas ritualísticas são símbolos de energia e podem ser usadas para abrir e fechar a esfera durante o ritual ou para fins proféticos. São instrumentos que auxiliam no ritual e na magia.

Altar Ritual

Um altar ritual pode ser muito simples ou extremamente complexo. Depende do iniciado e de seus gostos pessoais. O típico altar de Lilith consiste em uma estatueta da Mãe das Trevas, uma varinha, uma faca, um cálice, uma bola de cristal e velas. Outros objetos podem ser acrescentados, tais como cristais, imagens de coisas sagradas para ela (cobras, caveiras, corujas, etc.), penas ou qualquer outra coisa que atraia o iniciado a Lilith. Você pode usar múltiplas estatuetas e fazer a disposição do altar do modo que quiser, se sentir que é uma homenagem à Deusa. Cada item ritualístico deve ser abençoado antes do uso. Para isso, é preciso ungi-lo com óleo ou água, entoando o nome de Lilith e pedindo a ela que consagre o objeto para seu ritual. Depois de pronto o altar, borrife-o com incenso ou sálvia e consagre-o a Lilith.

O altar tem múltiplos propósitos. Deve ser utilizado como local para guardar as ferramentas ritualísticas, centro de devoção e um lugar para suas oferendas e outros itens que você queira usar no trabalho com ela. Não é preciso um altar para trabalhar com Lilith. Ela virá até você em qualquer lugar, se realmente quiser a presença dela; mas um altar é ótimo para a concentração. Com o passar do tempo, a energia se impregna no altar, facilitando o trabalho ritualístico. Minha sugestão é dedicar um pequeno espaço a Lilith e incrementá-lo com o tempo até ficar do jeito que você deseja, à medida que se dedica com mais profundidade à Mãe das Trevas.

Ritual

O ritual é realizado como a meditação, mas com mais simbolismo e intento. Os símbolos são usados para invocar energia, focar a consciência nas intenções e provocar mudanças. Um ritual para Lilith deve incluir proteção, transformação, ajuda para que as outras pessoas tenham visão ou demais resultados que beneficiem tanto o ritualista, quanto os demais. Não recomendo amaldiçoar ninguém usando Lilith, porque o caminho dela é de transformação. Tipicamente, os pedidos negativos são realizados, mas algo repercute na pessoa que conduz o ritual; isso ocorre para ajudar o iniciado a entender que o desejo egoísta não é a melhor decisão. Quando, em minha vida, uma pessoa difícil age de modo inamistoso, peço a Lilith que a ajude a ver sua negatividade, e aprenda a melhorar e ser uma pessoas mais prestativa.

No exemplo a seguir, uso o Athame ou a Phurba para o ritual, mas você pode utilizar qualquer ferramenta ritualística. Lembre-se das correspondências das ferramentas e use a que fizer mais sentido para seu trabalho. A misericórdia deve ser usada para situações expansivas, abertas, enquanto a severidade serve para pedidos mais específicos.

Exemplo de Ritual

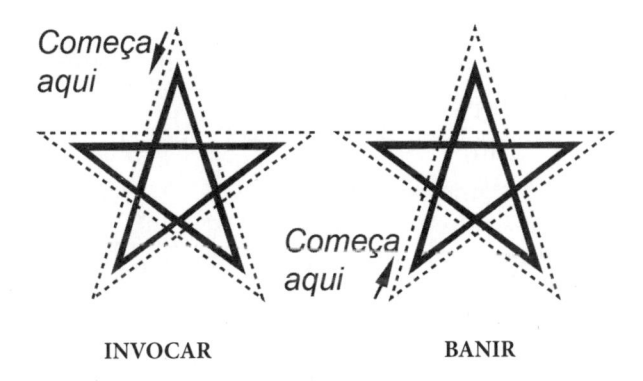

INVOCAR   BANIR

De frente para o leste, use um Athame ou uma Phurba para esboçar um pentagrama de invocação. "Empurre" a faca através do centro e peça ao arcanjo Rafael que venha e participe do ritual.

De frente para o sul, use um Athame ou uma Phurba para esboçar um pentagrama de invocação. "Empurre" a faca através do centro e peça ao arcanjo Miguel que venha e participe do ritual.

De frente para o oeste, use um Athame ou uma Phurba para esboçar um pentagrama de invocação. "Empurre" a faca através do centro e peça ao arcanjo Gabriel que venha e participe do ritual.

De frente para o norte, use um Athame ou uma Phurba para esboçar um pentagrama de invocação. "Empurre" a faca através do centro e peça ao arcanjo Uriel que venha e participe do ritual.

Fique em pé no centro, aponte para baixo e use um Athame ou uma Phurba para esboçar um pentagrama de invocação. "Empurre" a faca através do centro e peça ao arcanjo Sandalpon que venha e participe do ritual.

Fique em pé no centro, aponte para baixo e use um Athame ou uma Phurba para esboçar um pentagrama de invocação. "Empurre" a faca através do centro e peça ao arcanjo Metatron que venha e participe do ritual.

Fique em pé no centro, aponte para baixo e use um Athame ou uma Phurba para esboçar um pentagrama de invocação. "Empurre" a faca através do centro e peça ao arcanjo Hua que venha e participe do ritual.

Chame Lilith dizendo, entoando ou cantando o nome dela três vezes: Lilith, Lilith, Lilith.

Reze para que quaisquer seres fora de sintonia com o propósito do ritual sejam expulsos do círculo.

Convide quaisquer seres em sintonia com o propósito do ritual para entrarem no círculo.

Realize o conteúdo de seu ritual. Certifique-se de que o ritual esteja focado e de que todos os presentes saibam o que está sendo feito e qual é o motivo do ritual. Com Lilith, os temas podem ser transformação, proteção, devolução de intentos malévolos à fonte, etc.

Reze para obter resultado e saber identificá-lo.

Quando o trabalho terminar, agradeça a todos os seres pela presença e liberte-os da esfera.

Realize a invocação de cada direção no sentido inverso, usando um pentagrama de banimento em vez de invocação.
Agradeça a Lilith pela presença e pelo amor.
O ritual acabou.

Feitiços e Encantamentos

Os seguintes feitiços e encantamentos podem ser feitos no contexto de ritual ou como práticas isoladas. Além disso, quase tudo descrito aqui pode ser modificado para se encaixar no seu modo específico de trabalhar com Lilith. Estes são exemplos que podem ser utilizados ou adaptados para outros fins.

Proteção

Imprima uma foto sua ou de quem quiser proteger. Coloque-a sobre o altar, acenda as velas que vai usar, queime incenso e comece fazendo um ritual de abertura ou uma prece de invocação a Lilith, já descritos aqui.

Segure a foto com a mão esquerda e apanhe uma gota de óleo de unção com a ponta do indicador direito (você pode fazer ou comprar o óleo). Pressione a gota na testa da pessoa na foto. Depois que todas as pessoas na foto forem ungidas, diga o seguinte:

Lilith
Mãe, Deusa, Rainha
Eu a chamo para proteger [nomes]
Peço que use sua escuridão para escondê-los/as de seus inimigos
Envolva-os/as com suas asas escuras
Proteja-os/as do mal, da doença e dos ataques
Fortaleçu-os/as com sua magia
Deixe que sintam sua presença
Você é a protetora daqueles que são perseguidos e maltratados
É a mãe da tristeza
É o poder e a força
Agradeço-lhe por sua proteção e seu amor.

Coloque a foto debaixo da estatueta de Lilith ou outra imagem. Termine o ritual ou simplesmente diga: "Como foi dito, que seja feito!"

Deixe a foto no altar e mantenha uma vela acesa até a necessidade específica de proteção terminar ou a vela apagar, o que acontecer antes.

Romper Vínculos

Se você precisa romper os vínculos com uma pessoa, ou com seu passado, ou um hábito negativo, faça o seguinte: acenda as velas que vai usar, queime incenso e faça um ritual de abertura ou uma prece de invocação a Lilith, já descritos neste livro.

Segure o Athame ou a Phurba com a mão direita (simbolizando misericórdia). Faça movimentos de corte no ar, primeiro da direita para a esquerda, depois da esquerda para a direita. Formará um X no ar com a faca, à sua frente.

Recite a seguinte invocação:

Em nome de Lilith
Corto todos os vínculos com [aquilo que você quer cortar]
Não sou posse de [aquilo que você quer cortar]
Pertenço só a mim mesmo e à minha Deusa Lilith
Quaisquer amarras que me detêm estão quebradas;
Quaisquer laços que me prendem sumiram
Lilith rompe os vínculos que me seguram
E ela me liberta
Agradeço-lhe, Lilith, pela liberdade que me concede

Termine o ritual ou simplesmente diga: "Como foi dito, que seja feito!"

Deixe uma vela acesa no altar até sentir que todos os vínculos foram rompidos e tiver certeza de que nada mais o amarra.

As Outras Mães das Trevas

Creio que é importante ressaltar que há muitas Deusas Mães das Trevas em diversas tradições: Hécate, Ceridwen, Morrigan, Sekhmet e várias outras. Essas forças são muito semelhantes a Lilith e totalmente compatíveis. Pessoalmente, trabalho com Hécate como o aspecto supremo da Mãe das Trevas – o aspecto de Deus/Mãe que transcende toda a criação e se encontra no ápice do reino supremo. Cabe a você escolher como vai trabalhar com essas outras entidades, mas elas podem ser incluídas em sua prática com o passar do tempo, se achar apropriado.

Experiências Pessoais

Muitos devotos de Lilith têm experiências pessoais e emocionais do que ela fez em suas vidas. Lilith é um ser de transformação, e quem a procura percebe uma mudança marcante na consciência e na própria vida. Incluo aqui algumas experiências de pessoas que conheceram Lilith e trabalham com ela regularmente.

Bispo Mark H. Williams

Como mencionei na introdução deste livro, deparei-me com o nome de Lilith pela primeira vez na revista *Vampirella*, quando tinha 10 anos de idade. Fiquei intrigado e minha consciência foi mudada pelas possibilidades que a história e o nome me inspiravam. Não cresci em um ambiente religioso. Éramos protestantes não praticantes, mas em minha adolescência estudei diversos mitos, textos de ocultismo e outras práticas espirituais alternativas. Lembro-me de encontrar um livro sobre a Cabala em meados da adolescência e não entendia uma palavra dele. Cheguei a fazer várias invocações para aumentar minha percepção espiritual.

Entre o fim da adolescência e meus 20 e poucos anos, tive problemas com alcoolismo e uso de drogas, além de um distúrbio alimentar. Nem preciso dizer que minha vida estava um caos. Casei-me e tive filhos, o que me fez tentar ao máximo seguir um caminho reto. De um modo geral, me dei bem, mas estava ainda muito preso ao ego e à dor emocional. Descobri o Cristianismo no fim de minha vigésima década e comecei a frequentar a igreja. Sabia relativamente pouco acerca da religião e, embora amasse as palavras de Yeshua (Jesus), não concordava com grande parte do dogma da igreja, principalmente com relação a estilos de vida e pontos de vista que não batiam com a interpretação conservadora do Cristianismo. Comecei a fazer aconselhamento para jovens, o que era bom, mas eu não tinha ideia de como realmente ajudar as pessoas. Por fim, frequentei aulas para mestrado em Teologia e aconselhamento pastoral.

Quanto mais aprendia acerca das origens do Cristianismo, mais discordava da religião que estava seguindo. Lembro-me de rezar a Deus pedindo para ver quem Ele era realmente e perder minhas noções preconcebidas. Não tenho certeza do que esperava naquela época, mas a partir dali tudo mudou. Tive de escrever um *paper* para determinada matéria a respeito de uma heresia e por que ela era teologicamente errada. Escolhi o Gnosticismo e a Cabala. Quando terminei, tinha escrito um tratado positivo que explicava por que não eram heresias e que eu concordava com as ideias de ambos.

Depois de obter o mestrado, comecei a buscar tradições espirituais alternativas, aprendendo o máximo possível sobre elas. Em seis meses, toda a minha vida mudou. Depois de vários eventos, divorciei-me, fui pai solteiro, saí da igreja e segui um caminho de espiritualidade baseada na Cabala gnóstica. Quando encontrei Lilith nas lendas dos gnósticos e dos cabalistas, senti-me em casa. Comecei a estudar e minha prática se concentrou nela. Tudo em minha vida se readaptou e minha visão de mundo mudou completamente. Lilith é uma força espiritual que nos transforma rapidamente. Minha prática, minha consciência, meu estado emocional, tudo em minha vida se modificou para melhor em um curto período de tempo.

Nos últimos 18 anos tenho estudado a Cabala, o Gnosticismo e o ocultismo, sempre focando. Devorei todos os livros que tratam dela, incluindo obras de outras tradições que falam da Mãe das Trevas em todas as suas formas. Embora as reviravoltas em minha vida nem sempre tenham sido fáceis, não voltaria atrás por nada no mundo. Sem as dificuldades, eu jamais teria escolhido Lilith e seu caminho rápido de transformação. Sou realmente um indivíduo melhor e mais equilibrado, graças ao meu relacionamento com Lilith.

Brandon Kyle

Quando Lilith entrou em minha vida, tudo era até então uma grande mentira. Não foi fácil aceitá-la, porque meu passado me convencera de que ela era o diabo, uma força do mal, e eu me empenhava em ser uma boa pessoa. Mais ou menos uma década após sair da casa de meus pais, comecei a frequentar aulas em um Centro de Cabala, em Miami. As aulas eram muito caras e meu namorado na época detestava minha espiritualidade. Brigávamos constantemente, e eu lutava contra o alcoolismo e a depressão. Queria muito sair daquela situação e a única coisa em que pensava era Nela – o demônio. Mas seria mesmo um demônio? Em todos os estudos de Cabala e de misticismo judaico, tudo o que me chamava a atenção se voltava para ela. Talvez fosse Lilith a fonte de destruição em minha vida. Talvez fosse o que os rabinos afirmavam ser nas aulas: um demônio que destrói as pessoas puras que tentam se aprimorar. Mas minha experiência pessoal hoje me diz que ela é a Sophia sombria e destrói, na verdade, as pessoas ímpias.

Estudava várias tradições na época e viajara três vezes para ver a Virgem de Guadalupe, na Cidade do México. No círculo gnóstico do qual participava, a Virgem de Guadalupe era uma das principais imagens que utilizávamos para representar a mãe divina em todas as suas formas. Lilith, ou a Sophia sombria, compartilha de todos os símbolos cabalísticos da Virgem e acabei vendo a Mãe das Trevas refletida em todas essas imagens. Muitas pessoas não percebem, mas o aspecto triplo da Virgem de Guadalupe tem um lado escuro que equivale a Sophia no Gnosticismo, e é muito parecida com Shekinah (a Presença e o Poder femininos de Deus) na tradição judaica. Como Lilith era parte da Mãe, senti-me muito mais seguro para me aproximar dela depois de muito tempo e estudo, mas minha vida estava entrando em colapso. No desespero, procurei um bispo gnóstico que respeitava muito e ele passou a trabalhar como meu mentor. Pouco depois de minha iniciação, Lilith me encontrou.

Estava visitando o círculo ao qual me afiliara, quando minha mãe ficou muito doente, e meu relacionamento, na época, se tornara completamente tóxico e perigoso. Mudei-me de Miami de volta para o Alabama e cuidei de minha mãe até ela falecer. Vendo-a morrer, morri também. Implorava a Lilith que a poupasse, que não me esmagasse com a dor de perdê-la, mas infelizmente já era a hora dela. Lilith, a Rainha da progressão e libertação, tinha outros planos para mim. Minha mãe fora minha vida, pois sempre me protegera de meus erros. Sempre que me metia em encrenca, ela me salvava e via em mim uma boa pessoa.

Depois do falecimento de minha mãe, Lilith me mostrou que tinha sido escravo a vida inteira. Escravo do medo da violência de meu pai, escravo dos homens e escravo do que julgava ser minha identidade. Ela me mostrou o que era verdadeiro em minha vida, e o que não era, e me conduziu aonde eu deveria ir. Mas tome cuidado ao se aproximar dela, pois tem um jeito dinâmico e radical de agir. Quando fugi com aquele sujeito e abandonei minha fé, Lilith se revelou a mim de uma vez por todas. Forçou-me ao vício e à pobreza por anos a fio, período em que sofri os horrores do abuso. Foi uma experiência vital para mim, e indicou o momento em que poderíamos nos unir. No horror sombrio de minha vida de pobreza e drogas, entreguei-me a ela. No momento em que parei de lutar contra Lilith, tudo em minha vida sofreu uma reviravolta. Ela me forçou a ver minha escuridão para despertar a necessidade de mudança.

Ser filho de Lilith é uma abominação para a sociedade. Seus filhos são aqueles que não se enquadram; os desajustados que às vezes arruínam a própria vida. Lilith ensina por meio de experiências de vida e realidade, refletindo externamente uma verdade interior. No momento em que comecei a voltar para minha divindade, Lilith se tornou, de repente, uma deusa gentil e amável, não um demônio. Consegui construir uma vida de sucesso para mim, e ela me agraciou com habilidades e coragem para compreender e ter empatia com os outros. Fiz parte do mais nobre e do mais vil da sociedade, e ela me mostrou o vazio em tudo isso.

Diz-se que Maria Madalena teve uma relação muito íntima com Lilith. No Gnosticismo, Maria Madalena é comparada a Lilith em diversas ocasiões e, em uma história, ela estava prestes a ser estuprada, quando Lilith a salvou de seu atacante. Sinto uma ligação profunda com a história de Maria Madalena, que lembra muito a minha. Hoje sou bispo gnóstico praticante a serviço de Lilith, e tenho minha Tradição própria com meu bispo original que compilou essas histórias.

Lilith é a Deusa mais dinâmica no planeta; sua complexidade é profunda além das medidas. Sua severidade é misericórdia e sua misericórdia é severidade. Ela é o epítome da mãe amorosa. Você pode perguntar: é mesmo? Minha resposta: não é nossa mãe gentil que nos corrige? Não é nossa mãe gentil que fica ao nosso lado até o fim? Em Lilith, se procurar bem, verá que por trás dela está Deus, e por trás dela se encontra o nosso bem. As pessoas têm dificuldade com Lilith porque ela acaba com as mentiras que contamos a nós mesmos. Na Mãe das Trevas, encontrei a Mãe da Compaixão.

Teala Petrova

Ela é lendária, uma Rainha, Mãe, Deusa; e fixou-se em mim quando fui abençoada por sua presença divina infernal. Quando invoco a Deusa das Trevas, sua essência penetra minha aura, passa por todos os meus chacras e se encontra com o olho de minha mente. Manifestou-se em mim e vi uma mulher bela, com cabelos pretos longos chegando aos quadris, olhos cor de âmbar que penetravam a alma. Portava-se como uma verdadeira rainha, aproximando-se passo a passo, estrategicamente majestosa, e percebi que deveria me submeter a seus desejos ardentes que tinha reservado para mim. Chamo-a de Lilith, mas tem muitos nomes e é uma deusa primordial conhecida pelos antigos e pelo mundo de hoje. Os vínculos que estabeleci com ela elevaram minha consciência e minha vida acima do mundano.

Alguns anos atrás, ouvi o chamado de Lilith e devo admitir que hesitei em responder, no começo. Até então, trabalhara apenas com uma deidade e não queria causar ofensas indevidas. Era meu Pai das Trevas e, assim como Lilith, tem muitos nomes, por exemplo, Satanás. Durante a meditação, ele me assegurou que aquela seria uma jornada que exigiria minha mente aberta. Com suas bênçãos, comecei minha pesquisa sobre a Mãe das Trevas e seus diversos aspectos, estudando variadas mitologias e diferentes oferendas, e li grimórios dedicados a ela. Tudo isso me deu a confiança para, enfim, realizar uma meditação que me fora passada por um amigo. Desenhei um dos selos de Lilith, e fiz uma oferenda de meu sangue e secreções inferiores. Peguei meu japamala e comecei a entoar este mantra: "Marag Ama Lilith Rimog Samalo Naahmah", repetidas vezes, até uma luz vermelha transparente infundir meu quarto. Era o início de minha libertação de todos os dogmas, ilusões e mentiras da percepção.

Ela se fundiu em minha aura e minha mente, às vezes guiando-me com delicadeza e outras vezes com mais força. Uma coisa que aprendi a respeito de Lilith é confiar nela plenamente e escutá-la. Ela nos mostra seu modo de agir, independentemente dos passos que crie para nos fazer enxergar. Antes, eu me definia por títulos que só restringiam meu crescimento, mas quando Lilith me ajudou a despertar a Kundalini, todos os construtos humanos foram rompidos. O processo da Kundalini levou meses, mas o ritual final não durou mais que três ou quatro horas. Nele, continuei dando o meu sangue e os fluidos provocados pelas energias incandescentes. O quarto ficou impregnado do cheiro de sangue-de-dragão e canela que provinham do altar dedicado a ela. Lilith manifestou-se dentro de mim e à minha volta; com aquela energia, meu corpo suava muito e ficava em posições esquisitas, fazendo ioga. Meus sentidos estavam apurados e ela respirava ar quente por minha garganta, despertando a serpente. Permitiu que meu eu empírico e transcendental se unissem, destruindo a dualidade interior.

O ditado "as mães sempre sabem" é muito fraco para Lilith. Quase um ano atrás, convidei uma pessoa para entrar em minha vida, esperando compartilhar com ela essa jornada especial. Minha ansiedade tornara-me ingênua, mas Lilith enxergou os modos enganosos daquela mulher. Pedi que me acompanhasse em um ritual a Lilith e a energia pareceu diferente, dessa vez. Em vez das costumeiras boas-vindas, tive pesadelos com um demônio nascido de Lilith naquela noite, que me alertou sobre o que aconteceria. Presumi que fizera algo desrespeitoso e, na noite seguinte, fiz um ritual com aquela mulher. Tudo parecia ir bem, e Lilith me deixou prosseguir com o aprendizado a partir de uma experiência que precisava ser ensinada. Fui morar com aquela pessoa, mas não tardei a perceber que estava sendo usada, o que resultou em um ambiente tóxico. Isso criou bloqueios espirituais e comecei a lutar contra a depressão, pois me via enclausurada. Na Lua do Lobo, Lilith invocou a si mesma, dando-me força para partir, apesar das possíveis consequências. Naquela noite, aprendi a me impor e mostrar como deveria ser tratada. Lilith me deu a confiança que nunca tive e arrumei um apartamento só para mim, sem colegas de quarto. Assim que me libertei daquele ambiente, minhas energias clarearam e até ganhei um novo dom. Anteriormente, podia ver imagens e interpretar a comunicação, mas agora consigo canalizar e isso me permitiu aprofundar meu relacionamento com a Mãe das Trevas.

Lilith é altruísta, entusiasmada, teimosa e nos força até nossos limites; mas faz isso para nos aperfeiçoar. Serei grata para sempre por todas as experiências com ela, que me deu força nas horas de necessidade. Ela é uma deusa das trevas e nos força a ver o que está oculto. Meu único conselho é: entregue-se. Ave!

Emirokel Khaos

Muitas pessoas concebem e descrevem Lilith como uma figura severa: uma professora rigorosa, distante, exigente, uma destruidora de egos que castiga para ensinar. Quanto a mim, embora a considere uma professora nada comum, vejo-a, em minhas experiências, mais como um ser amável do que qualquer outra coisa. Em períodos de grande dificuldade em minha vida, recorri a ela, e o sentimento de amor e conforto sempre foi arrebatador e indescritivelmente caloroso.

Lilith sempre me encoraja a amar a mim mesmo e me aceitar como eu sou: meus pontos bons e maus; minhas conquistas e meus fracassos; meus traços amáveis e positivos, e também os feios e odiosos. A experiência mais marcante que tive com ela no que diz respeito à autoaceitação foi em uma noite de sábado de Lua Nova. Olhei no espelho e a chamei. Quando faço isso, Lilith geralmente se expressa em meu rosto e costuma me mostrar como sou aos olhos dela: um touro magnífico e poderoso. Naquela noite, vi a forma de meu rosto, mas tudo parecia escuro. Não havia traços nele. Ela me disse: "Acolha seu eu sombrio. O pior de você não é o que o define. Amo você como é. Quando acolher seu eu por completo e se amar plenamente, verá e compreenderá como o amo". Em seguida, senti a energia mudar no ambiente. Lilith se fora. Instantaneamente, meus traços faciais se tornaram visíveis no espelho. Embora a luz não tivesse se alterado, meu rosto não era mais um reflexo escuro, sem traços.

Obrigado, Mãe Lilith, por seu amor e suas lições.

Tino Manning

Minha jornada espiritual começou após o nascimento de meu primeiro filho. Minhas experiências desde criança tinham sido batistas ou pentecostais, e percebi que todos os meus pensamentos acerca da espiritualidade se baseavam em experiências com pessoas, não com Deus. Resolvi descobrir em que acreditava de fato para que, quando meu filho começasse a fazer essas perguntas, eu pudesse lhe dizer alguma coisa.

Decidi que eu precisava de regras para a minha busca. A mais importante era tentar com afinco não basear minha crença pessoal nas ações de um ser humano. Já vira muitas tentativas de obrigar as pessoas a pensarem de determinada maneira, como tenho certeza de que você também já viu, mas estava determinada a ignorar isso e procurar a fonte real. A regra seguinte era não me limitar. Não iria para o inferno por ler um livro, escutar as ideias de uma pessoa e participar de alguma coisa, mas, se fosse completamente ignorante e aceitasse tudo o que as pessoas me passavam, aí sim, aquilo poderia ser o inferno.

Partindo daí, comecei por uma igreja batista. Era interessante, porque havia ali tanta baboseira que normalmente me faria correr, com medo de voltar, mas, armada com meus objetivos, resolvi sair, porque não gostava do modo como apresentavam o material de estudo. O problema era que toda igreja de esquina que frequentei apresentava um tema e caçava na Bíblia versículos fora de contexto para sustentar suas visões. Sei muito bem que, para algumas pessoas, isso funciona, mas em meu caso nada contribuía para compreender as histórias reais da Bíblia. Tentei inclusive estudar com Testemunhas de Jeová que apareceram à minha porta, mas achei-as ainda mais restritivas. Então, comecei a estudar por conta própria.

Certa vez, fomos visitar alguns amigos de meu marido e começamos a conversar sobre religião. Um amigo era filho de um pastor e me disse que havia mais livros da Bíblia que ninguém mencionava. Na infância, fui obcecada por arqueologia, e a ideia de encontrar outras versões além das aceitas me animava muito.

Logo encontrei em um sebo *Os Livros Perdidos da Bíblia* e *Os Livros Esquecidos do Éden*. Aquilo mudou o meu modo de estudar, mas a mudança maior começou quando frequentei a faculdade de Administração e tive acesso à internet pela primeira vez.

Em 1994, fiquei obcecada por um programa no History Channel, chamado Mistérios da Bíblia. O que mais me chamou a atenção era que tudo na Bíblia se prestava a diferentes interpretações por parte dos estudiosos. E o estudioso da Bíblia pode construir toda uma carreira a partir de um único tema. Armada com esse novo conhecimento, entre uma aula e outra, ia até os computadores e lia tudo o que pudesse encontrar. Comecei pelo Gênesis, e Lilith foi minha primeira descoberta de uma personagem do Midrash.

Encantei-me com Lilith e me identifiquei com ela. A flagrante agressividade passiva em fugir para não se submeter a alguém que quer privar você de alguma coisa era exatamente o que eu sentia. E havia demasiadas camadas da história, dependendo do texto do Midrash. Desde que conheci Lilith, nunca me cansei de refletir sobre esse arquétipo.

Quando me formei em Administração, minha avó me deu seu computador velho. Um amigo me convidou para participar do site que ele criara. Sua namorada perguntou se eu gostaria de fazer uma apresentação mais elaborada para o site, e escolhemos uma história básica de vampiros. Após conversar com as pessoas, eu quis acrescentar mais coisas. Alguém dissera que Caim era o primeiro vampiro. Também li no Midrash que Lilith seria o vampiro original; então, tínhamos uma mistura dos descendentes de Caim e Lilith como os primeiros vampiros.

Meu marido sempre trazia para casa *softwares* que ele e os colegas precisavam aprender bem para aconselhar os clientes. Quanto a mim, agarrava-me a tudo relacionado à arte e aprendi com ele a lidar com um *software* de fotografia e de animação digital. O primeiro projeto de animação que eu quis fazer era uma história simples de

Lilith e, ao estudar para isso, soube do Alfabeto de Ben-Sirá e descobri que ele era satírico. Aquilo abriu para mim uma parte nova e diferente da espiritualidade que nunca considerara antes: que era possível se divertir com ela. O Alfabeto de Ben-Sirá apresenta Lilith, que me fez amá-la ainda mais. Ela não é uma coisa só; eu não sou uma coisa só. A descoberta e a compreensão de que Lilith é uma personagem multidimensional me fizeram entender que também sou assim. Comecei a gostar mais de mim, ser menos dura comigo por não possuir determinado atributo. Como arquétipo, Lilith me ensinou a apreciar tanta coisa, inclusive as dificuldades da vida.

No fim, aqueles projetos relacionados a Lilith viraram algo enorme que nunca pude terminar e, por essa época, os vampiros vinham ganhando destaque na cultura popular. Se você ler minha história hoje, parece uma mistura das histórias de muitas outras pessoas. Embora atualmente esses projetos só pertençam ao passado, levaram-me longe em minha jornada espiritual, por causa do tempo que passei pesquisando a Bíblia e o Midrash. Só que, de repente, havia um problema enorme: não tinha com quem estudar o material, porque queria conversar a respeito de coisas que as pessoas nem sonhavam existir, e isso era desanimador.

Experimentei algumas igrejas Universalistas Unitárias, mas eram demasiadamente políticas. Sou firme partidária da não pregação política no púlpito; por isso, não daria certo ali. Pela rede social Meetup, encontrei um grupo que me chamou a atenção. Enviei-lhe um *e-mail* para frequentar uma reunião. Foi lá que conheci Mark.

Tínhamos muitas coisas em comum, uma delas o fato de ambos sermos grandes fãs de Lilith. Uma das práticas do grupo era o ritual formal. Considero-me uma planejadora serial e adorava organizar esses rituais. Na maioria, cabia-me representar o arquétipo de Lilith. Quando entrava nessa sintonia, era louco o modo como me vinham ideias para dizer às pessoas coisas que jamais diria em meu cotidiano. Sentia-me muito ligada a tudo e a todos. Foi uma das experiências mais especiais de minha vida.

Eis uma história específica daquele grupo: passei por uma meditação em que a mensagem parecia uma daquelas que a gente encontra nos biscoitos da sorte e, para mim, não significava nada. Achei estranho que meu subconsciente me enviasse aquilo. Na semana seguinte, tivemos um ritual e um homem que estava prestes a sair da sala resolveu fazer uma pergunta. Aquela mensagem da meditação era a resposta exata. Mais tarde, mostrei-lhe que a mensagem já estava escrita em meu caderno. Foi um momento e tanto.

Gostei muito de ler esta versão da história de Lilith. Houve tantos "uau!" e "nunca pensei nisso", que a leitura foi uma aventura prazerosa, mesmo depois de tudo que já li e vivenciei. Acho que é por isso que amo tanto Lilith. Quando você acha que já a conhece, descobre algo novo e percebe que sua jornada nunca termina.

Alex Lamb

Em meu primeiro encontro com Lilith, creio que fui guiado. A princípio, não tinha uma ideia formada a respeito dela.

Fazia uma meditação leve. Minha mente era tomada basicamente por duas imagens: a de uma sereia com cabelos longos e olhos cativantes, mas também de uma criatura "mais sombria", que vivia em terra e tinha uma cauda longa e sinuosa como a de uma mamba-negra (era exatamente a expressão que me ocorria). Essa segunda criatura, também fêmea, tinha língua bifurcada; os olhos eram estreitos, mas em formato humano de amêndoa normal; em volta das têmporas e no limite do couro cabeludo, a pele era mais escura e grossa; e ela tinha cabelos pretos longos (mais que da sereia). Minha impressão nítida era de que queria proteger a sereia.

Apesar de meu horror por cobras (e quando você tem sonhos vívidos de ser mordido por elas, acorda e sente a dor, pode dizer Horror Profundo), não me sentia ameaçado. Aliás, fiquei curioso: meu relacionamento com a água sempre fora complicado. Por que aquilo?

Desde aquela visão, vejo uma mulher com cabelos pretos longos e olhos escuros, lábios vermelhos, dentro de uma lagoa, descansando a cabeça sobre o braço, olhando-me de forma atenta. Sinceramente, achava no começo que estava diante de uma Ninfa Aquática me observando e avaliando, como se me visse pela primeira vez.

Ela se revelou a mim de diversas maneiras: em minhas pesquisas, descobri que algumas pessoas dariam duas moedas de prata... Adivinhe como cheguei a elas? (Risos.) Incluo-as em meu altar como Guias. Além disso, sempre vejo figuras femininas, embora não entenda por que usam um rosto "assustador".

Recentemente, a imagem mudou, mas sempre tem cabelos pretos e longos, e está sempre nua. Interpreto isso como um sinal de pura honestidade.

Minhas tendências sexuais não se inclinam para mulheres. Penso em Lilith como uma Mãe, uma figura que me aceita totalmente, tanto meu lado mais leve (ajuizado, um ligeiro complexo de herói, ingênuo, sempre pensando na melhor parte), quanto o mais pesado (pensamentos tentadores, sombrios, desejos sexuais desgovernados, complexos, segredos). Uma figura que deseja o melhor para mim, mas faz questão de me ensinar as lições "difíceis". Faz-me suar o suficiente para não querer repetir os erros no futuro.

Um abraço.

Uma mão sobre a cabeça.

Um abraço por trás.

Um sussurro.

Mostrando-me uma imagem/versão mais demoníaca, e eu sem medo dela.

Essa foi a Mãe que se revelou a mim. Decidi aceitá-la como aceito a mim mesmo: devagar, mas sempre.

BIBLIOGRAFIA

Bible, The New International Version.

Epopeia Suméria de Gilgamesh.

Gnosis of the Cosmic Christ, de Tau Malachi.

Kabbalah & Magic of Angels, de Migene Gonzalez-Wippler.

Lilith from Ancient Lore to Modern Culture, de E. R. Vernor.

Maria de Padilla: Queen of the Souls, de Humberto Maggi e Veronica Rivas.

Midrash Rabbah, tradução do rabino Dr. L. Rabinowitz.

Pombagira and the Quimbanda of Mbumba Nzila, de Nicholaj de Mattos Frisvold e Enoque Zedro.

Qabalah, Qlipoth, and Goetic Magic, de Thomas Karlsson.

The Hebrew Goddess, de Raphael Patai.

The Nag Hammadi Library in English, de James M. Robinson e Richard Smith.

Zohar, tradução e comentários de Daniel C. Matt.

MADRAS® Editora

Para mais informações sobre a Madras Editora,
sua história no mercado editorial
e seu catálogo de títulos publicados:

Entre e cadastre-se no site:

www.madras.com.br

Para mensagens, parcerias, sugestões e dúvidas, mande-nos um e-mail:

marketing@madras.com.br

SAIBA MAIS

Saiba mais sobre nossos lançamentos,
autores e eventos seguindo-nos no facebook e twitter:

@madrased

/madraseditora